Ellos deben ser protegidos

Ellos deben ser protegidos

José Antonio Viarengo

www.librosenred.com

Dirección General: Marcelo Perazolo
Diseño de cubierta: Laura Gissi

Está prohibida la reproducción total o parcial de este libro, su tratamiento informático, la transmisión de cualquier forma o de cualquier medio, ya sea electrónico, mecánico, por fotocopia, registro u otros métodos, sin el permiso previo escrito de los titulares del Copyright.

Primera edición en español - Impresión bajo demanda

© LibrosEnRed, 2018
Una marca registrada de Amertown International S.A.

ISBN: 978-1-62915-405-3

Para encargar más copias de este libro o conocer otros libros de esta colección visite www.librosenred.com

Dios es infinito amor...

Agradecimientos

Quiero agradecer a Dios y al mundo de los espíritus por ayudarme a mantenerme erguido cada mañana, cuando comienzan mis tareas diarias, y por ayudarme con mi paciencia, con mi tolerancia, con mi empatía, capacidades que me asisten para entender el mundo de hoy.

También a mis amigos, que con sus virtudes y sus defectos, me ayudaron a crecer y a conocerme mejor en mi accionar social y laboral cotidianos.

A mi compañera de muchas batallas, amiga y escritora, que con su realidad tan diferente a la hora de su tiempo consciente, sirve de referencia a mis pensamientos cuando se trata de la toma de decisiones, casi siempre tan opuestas a las mías.

A mis familiares del mundo físico, que con sus opiniones y sus sugerencias, proveen un camino alternativo para el mejor accionar posible de mi persona, considerando las características de mi personalidad y las huellas dejadas por la historia de mi vida.

Advertencia

Cuando pensamos en los hechos que no podemos explicar a la luz de nuestros propios conocimientos, la respuesta primera, la instintiva, es dudar de lo que nos ha ocurrido y de la situación. También podemos de igual modo desconfiar de nuestras funciones sensoriales, de nuestros pensamientos y de nuestro equilibrio emocional.

Este libro describe situaciones vividas por una persona que en un momento de su vida se percata de que tiene un conjunto de capacidades diferentes a las de la gran mayoría de los seres humanos, que son antiguas y que fueron descriptas en otros tiempos, que son también inexplicables y que con frecuencia la atemorizan. Sabe, no obstante, por lo que ha leído, que estas manifestaciones que ella misma no puede explicar son muy ancianas y que han sacudido los estratos más profundos de mujeres y hombres de todos los tiempos, y asimismo que han ocurrido en todos los lugares geográficos y continentes. Conoce que los estudios modernos de ellas han dado origen a nuevas ciencias no existentes en la Antigüedad. Estas nuevas ciencias se han encargado en los tiempos actuales de demostrar con estudios de laboratorio y con investigaciones específicas, la descripción y el estudio de los fenómenos como la telepatía la clarividencia y los efectos psicocinéticos. Esto pone en evidencia capacidades que tienen lugar en un plano que está más allá de nuestros cinco sentidos y que de alguna forma o en alguna medida contradicen las leyes físicas conocidas por el ser humano de hoy, aprendidas en los años de educación escolar de nuestras sociedades. Les propongo que lean el escrito con amplitud de conceptos y con tranquilidad. En él se relatan las experiencias vividas por una persona cuya historia de vida muestra las dificultades por las que ha tenido que pasar y sortearlas, con la mayor esperanza puesta en un futuro más tranquilo y armónico. En ese camino, se encontró con experiencias que nunca pensó que viviría. Ese sendero tan sinuoso se convirtió poco a poco, con el paso de los años, en un caudal no medible de experiencias espirituales sin precedentes. A los señores lectores les digo que he seguido de cerca y comprobado cientos de algunas de las experiencias vividas por la protagonista, por medio de las noticias publicadas en las redacciones de la prensa escrita o televisiva, especialmente noticias trágicas. Puedo advertir a los señores lectores y también a las personas que han vivido experiencias similares o que las están viviendo en este momento que quizás, si enfocan la lectura de los contenidos del libro con amplitud de criterios, tranquilidad espiritual y sin juicios previos, sus vidas cambien en los matices o en la concepción de ciertos hechos no explicables, pero si los conocemos, podemos ser más amplios y concesivos en nuestra vida de relación.

Pensamientos del autor

En el inicio del escrito les presento las ideas básicas y primeras que me he planteado para editar algunos eventos narrados pormenorizadamente por la protagonista y llevados al papel con especial cuidado del léxico utilizado. Las razones por las cuales se describen solo algunos y determinados eventos, que fueron elegidos de ese tiempo vivencial de la protagonista, se apoyan en el hecho de que la gran mayoría de las experiencias de ese período se refieren a eventos trágicos y no deseables que pueden afectar emocionalmente a los señores lectores que no están familiarizados con los temas descriptos. También se espera responder con el escrito a la pregunta de "por qué se escribió el libro" y "cuál es el sentido de hacerlo" en esta época tan especial que estamos viviendo. Desde niño he disfrutado escuchando los relatos de personas mayores, en especial de mis abuelos, y los temas mayoritarios eran: su viaje al cruzar el gran océano para instalarse en mi país, sus vidas antes de ese viaje, sus costumbres de la Europa de ese tiempo, la mayor parte de ellas narradas en su dialecto natal. También he disfrutado las historias de mi familia, en los momentos anteriores a las comidas en la cocina, en las sobremesas del mediodía y de la noche, antes de ir a la cama. Con ellas me fui dando cuenta del tamaño de la carga cultural de la cual me estaba haciendo heredero y que me correspondía, por ser parte de esa cadena de hechos, vivencias y experiencias. Entendí también luego, de adulto, que la experiencia de conversar con personas y la de entender y aceptar la existencia de otros planos en los que se encuentran otros seres que nos precedieron forman parte de un legado que nos corresponde a todos, tanto como el saber de nuestros ancestros, acumulado por siglos. Solo las personas sensitivas o hiperestésicas poseen esas características tan especiales de captar las vibraciones sutiles que pertenecen a planos superiores de la consciencia, para traducirlas a este plano de la realidad. En este universo todo vibra, pero solo algunas personas como Teresa poseen la capacidad para captar y transformar esas vibraciones en voces de algunos seres espirituales que nos precedieron, que trabajan incansablemente y con infinita paciencia, para lograr la armonía y el buen pasar de todas las personas que habitan este planeta. Como fuerza opositora a todas las manifestaciones de la degradación y de la decadencia, observadas en cualquier latitud; encontramos a personas o grupos de ellas empeñadas en recuperar el sentido sagrado de la existencia mediante la acción individual o colectiva, con ampliación de la conciencia y el respeto a las leyes naturales. En esa búsqueda hay que imaginar el viejo anhelo de establecer puentes que permitan la comunicación, entre los habitantes de la dimensión física o material y quienes están en planos más elevados como espíritus. Esta tarea que realizan algunas personas con capacidades especiales, la de establecer puentes de comunicación entre dos realidades diferentes, no es un trabajo fácil de realizar y tiene ciertos riesgos, pero se ha dado en todas las grandes culturas y tiene una gran importancia a lo largo de la historia de todos los pueblos.

Manifestaciones observadas en algunas personas sensitivas

Este libro tiene como objetivo central acompañar y proteger en todo aspecto a las personas que viven y que sienten que su vida está cambiando y que sufren con frecuencia esos cambios evolutivos del despertar o del nuevo despertar del alma.

El proceso se manifiesta de muchas maneras, pero las más concretas son los cambios en la vida cotidiana y doméstica, así como el desarrollo creciente, sostenido y a veces doloroso para el cuerpo, al recibir las capacidades especiales.

Estas capacidades a veces se instalan de una manera ruidosa y con grandes vibraciones, que son traumáticas para el cuerpo y para la mente. En otras ocasiones, que son mayoría, por lo que ha sido descripto y se conoce, la instalación de los cambios evolutivos y de las capacidades especiales se realiza de una manera paulatina, sin prisa, pero sin pausa, como oleadas que se acercan sin estridencias y van dejando sus huellas marcadas en la persona.

Algunas veces comienzan en el ser humano en la muy corta edad, y la persona solo se da cuenta cuando mira retrospectivamente sus vidas desde su apertura espiritual.

Con frecuencia pasa algún tiempo en que las personas se sienten incómodas en sus vidas, por lo general no saben qué está pasando, y es casi una constante que tarde o temprano se manifieste la incomprensión familiar que los lleva en algunos casos al aislamiento.

La intolerancia familiar en algunos casos es tal, que lleva a que las personas sujetas a esta inevitable transformación tengan que tomar la ingrata determinación de abandonar el hogar con todo lo que eso conlleva, para poder sobrellevar este proceso de transformaciones necesarias en la vida espiritual y para que las capacidades recibidas puedan instalarse y desplegarse de manera adecuada en la persona elegida.

Las capacidades especiales asignadas a una persona determinada se instalarán y desplegarán de manera inevitable más tarde o más temprano en su vida, de forma abrupta o de manera lenta y progresiva, por lo que es recomendable que la persona elegida no se resista al proceso de instalación de estas capacidades. Por lo pronto no podrá evitar o detener el proceso aunque lo quiera, y por otro lado, cuanto más rápido se acostumbre a la nueva situación de su vida, mejor adaptación de su cuerpo logrará. La nueva integración social, posterior a la transformación, es de por sí bastante diferente al resto de las personas.

Los cambios mencionados que se integran como un proceso no son fáciles de aceptar, exigen lo mejor de cada una de las personas elegidas. La difícil situación se debe en parte a lo alejada que se encuentra de los esquemas regulares de la vida cotidiana.

Algo que ayuda mucho a estos cambios evolutivos es el hecho de que las personas elegidas puedan conocer a uno o varios de sus pares, es decir otras personas que también tengan capacidades especiales de alguna clase, no necesariamente las mismas. Al conocerse entre ellas, logran encontrar ese hilo conductor que de algún modo las une y conecta entre sí.

El acompañamiento y el apoyo de sus pares es definitivamente muy importante en el proceso de instalación y consolidación de las capacidades especiales otorgadas por Dios a los seres humanos, elegidos para el propósito específico que cada uno de ellos tiene, y en su ejercicio logran un aporte significativo al Gran Plan Divino.

Capítulo 1. Eventos referenciales

En este primer capítulo, se describe de una manera muy elemental cómo percibe la protagonista su historia familiar y algunos eventos de esa historia que fueron elegidos por ser de su interés. Estos son referencia en su vida de adulta, y a ellos volverá una y otra vez, buscando las respuestas existenciales que necesita, según el trayecto de vida que esté atravesando en ese momento.

Los eventos descriptos en este capítulo son cuatro, y están presentados con los siguientes títulos:
-Origen de su historia.
-El vínculo familiar con su abuela paterna.
-El nacimiento de su último hijo.
-El evento de su nieta.

El origen de su historia

La historia de la protagonista tiene lugar en un pequeño pueblo de campo, conformado mayoritariamente por inmigrantes italianos y descendientes de estos, a los que, este país tan generoso, como tantos otros, dio albergue. Esta fue una de las corrientes inmigratorias más numerosas de finales del siglo XIX y primeras décadas del siglo XX.

Estos conglomerados de extranjeros vivieron una situación muy especial en los países de América del Sur, donde debían convivir con las específicas etnias del lugar, producto de la mezcla entre nativos originales y colonizadores de raza hispana.

En la búsqueda de un nuevo hogar y de un nuevo país, los inmigrantes italianos se adaptaron lo mejor que pudieron apoyándose mutuamente entre ellos y también conservando al menos por dos o tres generaciones subsiguientes las costumbres y los rituales de las comidas, vestimentas, celebraciones y credos propios de los pueblos y las regiones italianas de la cual provenían.

Con este desafío planteado, tales grupos de personas extranjeras sufrieron al menos en la primera generación instalada un fuerte desarraigo que los obligó a unirse muy fuertemente, para poder progresar en un país como la Argentina, en el que todo estaba por hacerse y en el que además no se había conformado una identidad nacional, solo existía un crisol de razas que practicaban sus propias culturas, dentro de un generoso país que les ofrecía una oportunidad que no tenían en su Europa natal.

En este entorno diferente de culturas, mezcla de la Europa progenitora y la raza nativa local, nació Teresa, en la segunda mitad del siglo XX. Ya de niña se sentía muy afortunada, sin saber muy bien por qué. En sus tiernos años de edad descubrió con asombro que casi siempre vivía sus fantasías, con un pensamiento que no condecía con los niños de su edad, y sentía también que estaba por lo general viendo más adelante de lo que sería propio o esperado para la situación.

Su infancia transcurrió como la de la mayoría de los niños de su edad, en lo que se refiere a cobertura de necesidad de alimento, vestimenta y educación, pero con una marcada carencia afectiva, producto de la situación conyugal de sus padres, que la obligaba a vivir situaciones transitorias con cada uno de ellos, con un ir y venir de ropas, valijas y amistades no consolidadas.

Esta situación unida a la incomprensión de su hermano mayor, que la consideraba como una niña "rara", que cantaba y jugaba sola gran parte de su tiempo, terminó estableciendo una sólida relación con la segunda generación ascendente de sus abuelos gringos, con los cuales mantuvo un eje afectivo hasta el último día de sus vidas.

Fueron ellos precisamente los que se encargaron de recordarle con frecuencia las dificultades que ella había tenido en el momento de su nacimiento y en los meses subsiguientes, así como los esfuerzos realizados por sus padres y también por ellos para que siguiera viviendo, considerando lo enferma que estaba luego de su llegada al mundo. En la mayoría de los casos este relato de sus antepasados terminaba con el agradecimiento a Dios por haberla hecho tan luchadora desde el principio. Porque de alguna forma su logro les había dado a ellos y a sus vidas la algarabía, la música y la luz durante muchos años.

La adolescencia trajo consigo además de los conflictos propios de esa etapa de la existencia humana las primeras manifestaciones en su cuerpo, particularmente en sus cinco sentidos y que ella no comprendía. Al poco tiempo de iniciada esta etapa, comenzó esta situación que la llevó al asombro, al no encontrar una explicación lógica a lo que le sucedía.

El primer evento del que se acuerda fue haber soñado una canción con letra y música, que luego de haber tarareado y cantado durante un tiempo y por cierto memorizado, escuchó por la radio de esa época, ejecutada por un grupo musical desconocido para ella. Los sentimientos que le produjeron los hechos fueron encontrados, una mezcla de sorpresa, fascinación, sensación de plagio por parte del conjunto musical y cólera en última instancia. Este sería un evento que recordaría siempre, ya que marcaría un punto de inflexión entre sus dos tiempos, un antes y un después de su despertar espiritual.

En el desarrollo posterior a este hecho, se alejó de la memoria de esta adolescente para dar paso a todas las transformaciones de la adolescencia, juventud y adultez; y se convirtió precozmente en una joven esposa, y dio lugar a las corrientes maternales y a las obligaciones que ellas conllevan. Había hechos en su vida que no podían considerarse coincidencias, pero como joven madre nunca se había detenido a pensar en lo sucedido. Este cúmulo de hechos revisados ahora, luego del "nuevo despertar espiritual", adquieren un especial significado en su vida.

El vínculo familiar con su abuela paterna

El descubrimiento de la "capacidad de percepción" fue en su vida algo que la llenó de miedo en un primer momento. No pudo estimar cuándo se inició, pero su aplicación a su vida familiar se puso en evidencia con la percepción de que su abuela paterna, un ser tan precioso para ella, tenía que dejar su vida terrenal y viajar hacia el mundo de los espíritus.

Este evento impregnó las emociones propias de una joven mujer, que cursaba su primer embarazo y que tenía pocas posibilidades de visitar a su abuela. Posibilidades que también que se limitaban por la opinión de su médico de cabecera del pequeño pueblo, que temía que la futura madre se enfermara. La opinión era compartida también en aquella época por los parientes cercanos por similares razones.

La noche anterior al mencionado hecho, ella estaba muy inquieta y con una turbulencia de pensamientos, que le impidieron conciliar el sueño; sentía y percibía que su abuela, compañera cariñosa de su niñez y adolescencia, la necesitaba, quería hablarle. Teniendo en cuenta la situación, le solicitó a su esposo que la llevara a la casa de su abuela, muy temprano esa mañana.

Al llegar al lugar, percibió que su abuela estaba en los últimos días, inconsciente de la realidad que la rodeaba.

Luego de dirigirse a ella y hablarle con ternura, su fatigada abuela se conectó breves instantes con la realidad; estaban frente a frente, sonrió y se despidió de ella con su tierna mirada. En los siguientes diez minutos de este diálogo franco, de dos seres queridos, su adorada abuela dejó su cuerpo en este mundo, y su espíritu tomó el largo camino hacia la luz.

En los cinco años posteriores, el que decidió emprender su viaje fue el abuelo materno, y en este caso la percepción se presentó de una manera diferente. Ella había viajado a una población cercana para un control médico personal. Estando en el lugar, comenzó a sentirse inquieta, sin saber muy bien el origen de tales manifestaciones, y a pesar de que todos los hechos domésticos y familiares trataban de desviar su atención, empezó a reconocer que algo en ella estaba cambiando, pero ahora se presentaba de una manera irreversible.

En el viaje de regreso a su pueblo, se encontró en el transporte público con una vecina de su abuelo, a la que le comentó su inquietud y su preocupación por él. Con ella descendió del medio de transporte y caminó rumbo a la casa de su abuelo, pero tres cuadras antes de llegar se detuvo: había percibido que su abuelo había emprendido su viaje espiritual. La vecina se dio cuenta de su cambio de humor y le preguntó si le pasaba algo, a lo que ella respondió que su abuelo había comenzado su viaje, y que le daba tristeza no haber podido saludarlo. La vecina trató por todos los medios de disuadirla de tal pensamiento, pero al llegar al lugar los familiares le comunicaron lo sucedido, para el asombro de la mujer; sin embargo, para ella sólo resultó ser un hecho que le ocasionó mucha pena.

A esto siguió la desaparición física de su padre, con el cual tenía una relación interrumpida de vivencias inconclusas, debido a la separación existente entre él su madre. En sus últimos años su padre mostró siempre su preocupación por ella, estuvo próximo a ella, la joven que se había convertido en toda una mujer, a pesar de todo.

Estos eventos descriptivos e históricos fueron determinando poco a poco capacidades especiales en su vida, que si bien no estaban todavía desplegadas, la diferenciaban y la distanciaban de las percepciones comunes que tiene la mayoría de los seres humanos o por lo menos gran parte de ellos.

Sus capacidades especiales se mantuvieron en ese nivel de manifestación durante algunos años más. Todavía temerosa para contar estos eventos a su esposo, solo dejó entrever algunos hechos a su compañero; pero este los vio como algo circunstancial o como coincidencia, sin dar importancia a sus relatos, y eso, en consecuencia, hizo que ella se volviera más y más introvertida, al no poder contar lo que le pasaba, como si por alguna razón debiera retardarse todavía la instalación y el despliegue de estas capacidades especiales.

El nacimiento de su último hijo

Este hecho de su vida la marcó, y fue a partir de entonces que comenzó a reconocer definitivamente sus capacidades especiales. Significó también un antes y un después en el curso de su existencia. El relato describe el nacimiento de su cuarto hijo.

Luego de esta historia, y más adelante en su vida, encontraría analogías entre este hecho y lo vivido en semejantes situaciones con otras personas conocidas, en el ambiente donde ella se hallaba.

El embarazo de su cuarto hijo ocurrió en el transcurso de su tercera década de vida y se desarrolló de modo normal y sin contratiempos, hasta que llegó a los ocho meses; ese día, durante una caminata con su esposo por un parque de su pueblo, comenzó a tener una sensación extraña en todo su ser, sensación un tanto diferente, pero de intranquilidad.

De inmediato, le solicitó a su esposo que fueran a casa, y al llegar comenzó a sentir la necesidad de preparar su ropa y aprontarse para ir al hospital, porque sabía que pronto llegaría el bebé y que no volvería enseguida a su casa.

Al llegar al hospital el médico de guardia la revisó y registró una alta presión arterial. Acto seguido, recomendó que la derivaran a un hospital de mayor complejidad, porque reconoció que podía ser un parto de alto riesgo para la madre y el bebé.

Su esposo no lo aceptó y requirió al profesional que llamara a su médico de cabecera. Se presentaron algunas dificultades para localizarlo, pero finalmente el profesional llegó a la sala de parto, donde ella ya estaba instalada, y enfermeras y médico comenzaron a trabajar.

En pocos minutos ocurrió algo que siempre recordará: la "separación entre su cuerpo y su espíritu". Se vio flotando, a cierta distancia del piso y mirando hacia abajo con claridad, a todos los presentes: esposo, médico, enfermeras, auxiliares y también su cuerpo. En esos momentos pudo "ver y escuchar" la preocupación del médico por hacerla reaccionar, junto a los colaboradores y también a su esposo, que con dulzura intentaba que ella reaccionara de alguna forma, pero nada ocurría. Lo más extraño fue que no sentía dolor, no sentía nada, ni tampoco hacía nada por ayudar a su cuerpo a reaccionar. Recuerda las exclamaciones del médico al entrar y salir de la sala de parto, retumbaban y reverberaban en su ser: "Yo no creo que pueda salvar a los dos" era la expresión desesperada, dirigida a su esposo y a sus asistentes.

Luego de un tiempo y de muchas maniobras físicas realizadas por el profesional, que parecen imposibles de ser contadas y que parecían también que la dañarían físicamente, nació el bebé, y a continuación de ese primer milagro, se produjo el otro: su alma volvió al cuerpo, luego de no intervenir en ningún momento en todo el trabajo realizado por el equipo de salud.

Fueron momentos de desesperación y de miedo, tanto de su esposo como del médico, presentes en la sala mientras ella podía observarlos desde arriba, en momentos en que su espíritu flotaba sobre todos ellos.

Casi inmediatamente después del nacimiento del niño, su cuerpo reaccionó con las dolencias y los malestares propios de la situación.

Solo meses después de lo ocurrido, se animó a contarle a su esposo lo que ella había vivido; él la escuchó, pero no le dio al hecho la trascendencia que ella esperaba, probablemente por ignorar el significado.

Posteriormente se animó a contárselo a su médico de cabecera, que en su aprieto por responder algo, ensayó una respuesta tan técnica, que no fue comprensible para ella. De cualquier forma tampoco satisfizo las inquietudes que ella tenía en ese momento.

La historia en cuestión solo tomó fuerza, sentido y convicción, cuando en un reportaje televisivo, un famoso periodista de su país describió lo que le había ocurrido a él, situación que tenía cierta similitud a los hechos aquí descriptos. Fue el relato de lo acontecido a este hombre de prensa lo que le dio aliento para creer en lo que le había sucedido y contar su historia a los seres humanos cercanos y que la querían.

A partir de este hecho, tomó la actitud de acercarse más a Dios y practicar de una manera más profunda la bondad, la compasión, la comprensión y la solidaridad, valores que de algún modo había practicado desde la niñez.

El evento de su nieta

En este apartado se relata lo ocurrido con este ser tan querido que es su segunda nieta. Al hacerlo, sus sentimientos viajan al galope, porque se trata de familiares con los cuales en ese momento estaban distanciados. La razón del alejamiento fue la pura incomprensión adolescente de su hija. Ella y su esposo les habían puesto una barrera de varios años de duración, que no le permitía a la protagonista ni a su esposo acceder con normalidad a sus nietas.

Ocurrió que en uno de los viajes que solía realizar por trabajo, su esposo cruzó su vehículo con el de su hija y su familia. Al regresar a la casa, el esposo de la protagonista le contó a esta lo sucedido. Casi inmediatamente a ella le llegó la percepción de que algo estaba pasando con la salud de su hija y que esa era la razón del viaje hacia la ciudad más cercana. Percibió que su hija estaba nuevamente embarazada y que tendría su segundo bebé, para el día de su cumpleaños.

Sin perder tiempo se puso en marcha un mecanismo de capacidades que ella todavía ignoraba, y que generó enseguida dos percepciones con respecto a este evento de la historia de su vida en particular.

En la primera percepción, sintió que su hija se encontraba embarazada por segunda vez, que el embarazo estaba en su inicio con un tiempo de evolución de tres meses aproximadamente, que el bebé sería una niña y que su situación de salud la obligaría a ser hospitalizada en la ciudad.

La segunda percepción ocurrió varios meses después de la primera, luego de haber visto a su hijo mayor, que también estaba distanciado de ellos hacía ya varios años. En ese momento tuvo la certidumbre de que el segundo embarazo de su hija no llegaría a su término, que su segunda nieta nacería pronto y que por sus antecedentes de salud, su hija necesitaría de una asistencia especial.

En efecto, el evento del nacimiento ocurrió tal como había sido la percepción: la niña nació en una sala de cuidados especiales un mes antes de su cumpleaños, el embarazo no llegó a su término, y tanto la madre como la niña permanecieron hospitalizadas por unos días en diferentes centros de salud, para recibir los cuidados recomendados.

Lo inexplicable todavía para ella en ese momento fue que a pesar de la incomunicación de años con su hija, había logrado percibir de igual forma una fecha muy aproximada de nacimiento y el sexo del bebé.

Este evento marcó un nuevo aspecto en sus capacidades: el de percibir a la distancia, sin tener comunicación alguna con los protagonistas de los hechos.

En esta época ella aún dudaba de que los hechos fueran realmente a suceder y de la manera en que habían sido percibidos. Se encargó entonces de corroborarlos por vías indirectas, ya que como abuela y pariente la participación familiar en los sucesos del embarazo y posterior nacimiento les estaba vedada a su esposo y a ella.

Capítulo 2. El nuevo despertar

En este segundo capítulo, se describe de qué manera la protagonista vislumbra el comienzo del largo y sinuoso camino hacia su nuevo despertar espiritual. Se presentan algunas situaciones que dieron lugar a sucesos que exigieron lo mejor de su ser, para poder lograr la superación de las pruebas a las que estaba siendo desafiada.

Los hechos descriptos en este capítulo son cinco y están presentados con los siguientes títulos:
-El viaje y la distracción
-Su querido esposo
-El segundo despertar
-El encuentro con el mal
-Las bendiciones de algunas visitas

El viaje y la distracción

Uno de los acontecimientos que sin duda marcó un antes y un después en su vida fue el transcurso de un viaje que la protagonista realizó sola en su automóvil.

Se trataba de un viaje que debía realizar, y cuyo componente de riesgo siempre presente, como conductora, el cansancio, jugó un papel determinante. En condiciones normales ella solía ser una persona muy cuidadosa en cuanto al manejo de vehículos.

Ocurrió que transitando un camino de gran densidad de vehículos comenzó a sentir sueño, y frente a la premura de llegar a destino a la brevedad posible, cometió la imprudencia de no detenerse al costado del camino para reposar un tiempo. Entonces ocurrió lo inevitable, empezó a dormirse, y fue en ese momento, cuando comenzó desviarse hacia la izquierda y ocupó el otro carril del camino, destinado a los vehículos que iban en sentido contrario, sintió una ligera presión en su hombro derecho que le avisó, con lenguaje de transmisión no sonoro, que debía despertarse y volver a alinearse a la derecha del carril del camino que transitaba.

Posteriormente, ella definió esta intervención como a "la de su ángel guardián y guía de su vida", que siempre la acompaña y está disponible, marcándole las situaciones y los riesgos que ella no debe asumir.

Este hecho marcó un punto de inflexión en su vida, ya que sin saberlo al principio y luego con conciencia, comenzó a asumir que no estaba sola en este mundo con sus secretos, sino que su ángel la acompañaba en todo momento, aunque no se comunicara con ella. Solo cuando lo necesitaba o porque no podía prescindir de su opinión, solo cuando la situación era de riesgo para su vida, o cuando su manera de proceder no era la adecuada.

En adelante y luego de que sus capacidades especiales estuvieron más instaladas y desplegadas, se referiría a su "ángel guardián", a ese ser que la acompaña siempre.

El acontecimiento referido terminó en el momento en que se encontró con su cuarto hijo, el menor de todos, al que había ido a buscar y que había concluido su actividad escolar. Su hijo, que ya la estaba esperando desde hacía un tiempo —sus compañeros de clase ya se habían retirado— le hizo sus reclamos infantiles por la demora.

Sólo después de tomarlo en sus brazos y apretarlo con fuerza, tomando conciencia de lo ocurrido, detuvo el auto a unas pocas cuadras de distancia y se puso a llorar, ante la mirada atónita de su hijo.

La síntesis y el corolario de este hecho se consolida en saber que debemos "estar siempre atentos" para con el mundo espiritual, atentos a nuestro ángel; porque todos tenemos un ángel que nos cuida y nos protege, solo que a veces no podemos escucharlo o verlo, porque estamos distraídos con otras prioridades de nuestra vida, que no son precisamente espirituales.

Su querido esposo
Todo lo que ella ha vivido con su esposo está cargado de percepciones y de transferencias, que vistos retrospectivamente la turbaron y confundieron mucho en su momento debido a que en esos tiempos ella no sabía cómo funcionaban las capacidades que hoy tiene, ni mucho menos cómo podía canalizarlas o qué hacer con ellas.

En algún momento de su vida de casada, supo que en un futuro no muy lejano él enfermaría, que sufriría mucho con su enfermedad, y que luego la dejaría, para seguir su camino espiritual.

Era un pensamiento que por épocas y por ciclos de años volvía a su mente y le anunciaba los hechos que ocurrirían. Después, como sucede con todas las cosas, con el quehacer cotidiano y las obligaciones domésticas de una casa, ella se olvidaba de esas reflexiones.

Tuvo luego la certeza de que faltaban unos pocos años para el tiempo de la premonición, cuatro, tal vez cinco años; supo que su esposo enfermaría, que su enfermedad sería larga y severa, y que al final de esta moriría, antes de que ella cumpliera sus primeros cuarenta y cinco años. Sin dudas eso la perturbó mucho ya que, por esas épocas, el pensamiento volvía una y otra vez con la frecuencia de meses.

Cuando su esposo enfermó y luego fue sometido a su primera operación en un gran hospital universitario, mientras ella lo cuidaba durante su convalecencia, en una sala de cuidados intensivos experimentó por primera vez, con las personas que estaban en la misma sala, una transferencia del mundo espiritual que le anunciaba lo que ellas vivirían en sus futuros inmediatos. Eran hechos de una clarividencia que ella misma iría comprobando personalmente con el correr de los días.

Ella se sentía triste por esos momentos, pero no sentía miedo, y tal vez sin saberlo experimentó por primera vez la sensación de que ya no estaba sola sino acompañada por otro ser que se manifestaba cada día más cerca de su persona, le hacía compañía y estaba disponible como el espíritu guía. Luego ella lo adoptó como su guía espiritual. Podía sentir que estaba siempre con ella transfiriéndole su pensar y sus atinadas sugerencias; solo cuando no debía hacer algo porque implicaba un riesgo para ella o para sus seres queridos, o cuando debía estar atenta ante algo que podía ocurrir, solo en esos casos, el espíritu guía se manifestaba de alguna forma dentro de su ser.

En una visita a la sala de cuidados intensivos donde se encontraba su esposo, experimentó asimismo el llamado espiritual de los seres que también se encontraban allí, solo que en ese momento ella no sabía qué significaba, qué podía hacer ella por esas personas, ¿por qué sentía ella en su ser ese llamado?

Más tarde y avanzado el tiempo de desarrollo de sus capacidades, entendería el significado de esos eventos y por tanto cuál sería su tarea del futuro en el acompañamiento de los seres humanos. Allí adquirió significado uno de los mensajes de su espíritu guía, el de "estar siempre atenta", el de "estar presente", el de "estar siempre disponible", o como dicen otras personas muy especiales de las cuales ella tiene referencias, el de "estar siempre en casa".

También ocurrió que con motivo de las visitas hospitalarias de la enfermedad de su esposo, al encontrarse con amigos de su barrio, percibió que ellos también estaban enfermos y que sus propios destinos le eran revelados; supo entonces que en el futuro cercano esas personas ya no estarían en el mundo de las personas. Los eventos de esta clase no son los únicos que han ocurrido en su vida, pero son los que ella eligió o quiso relatar.

El evento que la conmovió sobremanera fue cuando percibió la complicación del estado de su esposo y que describió como la resiembra de la enfermedad, que comenzó en un lugar anatómico determinado y luego se trasladó a otros. En esa oportunidad, el médico trataba de explicarle sin mucha convicción que su esposo había salido bien de la operación inicial y se perdía luego en una explicación técnica imposible de entender para ella.

Casi al mismo tiempo posaba una radiografía sobre el vidrio iluminado de una ventana, porque en ese instante el aparato adecuado para la lectura se había descompuesto. En ese momento, y sin previo aviso, le hizo una pregunta al médico sin saber realmente de dónde venía, ya que ella no tenía formación universitaria para hacer un cuestionamiento como ese. Le dijo al profesional a cargo:

—Esas manchas negras en este nuevo órgano son el motivo por el que usted quería verdaderamente hablarme, ¿verdad? Se trata de una resiembra de la enfermedad original, ¿no es eso?

El sorprendido médico, sin tampoco entender cómo ella podía realizar semejante pregunta, se limitó a decir:

—Sí, es verdad, de eso deseaba hablarle.

Fue entonces cuando ella le respondió:

—Por favor, doctor, dígame todo lo que usted sabe al respecto, no omita nada y aunque llore todo el tiempo porque estoy sensible, soy una mujer fuerte y quiero conocer la historia entera.

Su pensamiento vuelve una y otra vez a su esposo, al ser que ha amado por tantos años, y siempre tiene el mismo deseo: vuelve a la oración y le pide a Dios, a sus ángeles y a su espíritu guía que ayuden a su esposo a recorrer los caminos necesarios para llegar a la fuente de luz que no tiene fin y poder brillar por siempre junto al Creador.

El segundo despertar

Su segundo despertar transcurrió ya en su vida de adulta y fue muy diferente a los de su niñez y juventud, que habían llegado como oleadas suaves que aparentemente se interrumpían y que luego volvían a comenzar, como brisas que atravesaban su vida sin mayores altibajos y, por supuesto, sin que ella tuviera demasiada claridad sobre lo que estaba ocurriendo.

Su nuevo despertar, como la protagonista lo llamará más adelante, se presentó de una manera diferente: con cambios profundos, rápidos y constantes, como si hubiera tenido que recuperar el tiempo perdido, y marcó la tendencia inequívoca de una serie de capacidades especiales que se instalarían en su persona. Esto la sacudió con fuerza, sobre todo al principio, y la perturbó de forma tal, que sus miedos a perder la cordura crecían día a día, hasta que tomó una de las decisiones más serias de su vida: la de contar lo que le estaba ocurriendo a una de las personas de mayor confianza de la familia.

Fue una decisión difícil, pero necesaria para su salud mental, que llegado el momento no dudó en tomar. Para ello eligió a un amigo de la familia, que fue seleccionado entre otras condiciones por su capacidad profesional, su sensibilidad para poder entender una situación como la planteada, su compañerismo y su demostrada confidencialidad.

Esta elección tenía como riesgo la posibilidad de perder la amistad o la relación humana existente.

Su primera elección fue entonces todo un desafío por la gran amistad que la unía con esa persona. Explicarle a alguien que en su interior se habían instalado y desplegado capacidades especiales que les estaban vedadas a la gran mayoría de los individuos fue un esfuerzo y un desafío que nunca pensó que llegaría a realizar en su vida.

En ese momento entendió y por primera vez se atrevió a relatar que con ella convivía, y en su misma persona, otro espíritu que la guiaba, la protegía y sobre todo la alertaba acerca de algunas circunstancias o hechos en los cuales ella no debía por ninguna razón participar o intervenir, generando cambios de esos hechos.

Para poder conversar del tema y hallar una serie de códigos básicos que permitieran un diálogo fluido y sin sobresaltos, comenzó por mencionar al ser espiritual que ella había aceptado como su guía.

De esta forma dio comienzo a una nueva era, en la cual experimentó los nuevos cambios en su vida cotidiana, que su alma vieja iba escribiendo y convirtiendo en realidad, cambios que casi siempre fueron al principio motivo de perturbación en su compleja vida.

Con posterioridad siempre recordaría que su querida guía espiritual era la que, ejerciendo una ligera presión en su brazo derecho hacía mucho tiempo, había evitado el accidente de automóvil que ella iba a producir.

Las capacidades especiales comenzaron a manifestarse con percepciones simples, como saber de antemano los colores de la ropa con la cual vendría a visitarla una amiga o conocida a su casa. Esto provocaba sorpresa e inquietud en su vida hogareña. Luego procedía a transformar el hallazgo en una cortesía básica y elemental para con la recién llegada, cumpliendo así con las reglas elementales de urbanidad, elogiando algún detalle de la situación ya percibida, pero que de una forma resultaba muy divertida para la dueña de casa, al jugar un poco con la circunstancia tan extraña que ella vivía.

El encuentro con el mal

Ella confirma que en esta época de grandes transformaciones en su ser también hubo hechos que pusieron de manifiesto la presencia del mal en las personas, y cómo las malas intenciones de alguien manipula la envidia, la negatividad y las contradicciones.

Les puede contar con total sinceridad cómo una persona puede distraerse frente a la imagen visible que presenta un ser y lo que luego se comienza a transparentar con su accionar. En este sentido una vez hubo eventos que golpearon con fuerza su vida, relacionados con una persona que formaba el entorno cercano de su familia.

La imagen visible de la mencionada persona comenzó a modificarse primero por las percepciones que la protagonista empezó a tener. Luego de un tiempo de conocerla, no podía creer que hubiera tanta diferencia entre lo que ella percibía y lo que esa persona pretendía que se creyera de ella.

Como consecuencia de esta discordancia, empezó a trabajar en las comprobaciones de lo que ella le contaba. Se manifestaron entonces más tangiblemente las diferencias, y aun así le fue difícil creer que estuvieran hablando de cosas tan distintas.

Al cabo de los meses que luego se convirtieron en años, ya no hubo dudas y comenzó a entender las cualidades de las personas que se alejan mucho de la bondad y los buenos sentimientos, para convertirse en una gran carga negativa que al principio se manifestaba con la presencia de la mencionada persona, pero que luego se irradiaba también a la distancia y al espacio de proximidad circundante.

Con el tiempo ella pudo detectar si esa persona se encontraba cerca o lejos, dentro de la misma población. Cuando al mencionado ser ya no le atrajo la relación humana como una situación programada, dejaron de frecuentarse; no obstante, ella seguía percibiendo imágenes y pensamientos de esa persona, que la lesionaban y le absorbían gran parte de su energía corporal.

Uno de los últimos episodios recordados fue la visita que realizó con su esposo a la casa de quien estamos hablando. En esa oportunidad le llevaban un regalo para los quehaceres domésticos del hogar. El rechazo percibido por ambos fue tal, que ni bien salieron de la reunión, su esposo le comunicó que él particularmente no realizaría una nueva visita como la pasada, al menos no en lo inmediato, debido a que sentía que el nivel de envidia y negatividad de ella sobrepasaba lo tolerable para él.

Esta experiencia también marcó su vida, aunque de una manera no agradable, y en el futuro entendería con fuerza los mensajes de su guía espiritual cuando en ocasiones le decía que "estuviese siempre atenta", porque los espíritus inferiores que habitan en algunas personas que nos rodean pueden hacernos mucho daño si no los detectamos a tiempo y nos protegemos de ellos. A veces logran bajarnos del plano espiritual que ocupamos, si nos distraemos o nos descuidamos de estas situaciones.

Las bendiciones de algunas visitas

Luego de lo relatado, hay algunos hechos que marcaron referencias en su vida espiritual. Los mencionados a continuación son los más relevantes hasta el momento y son los cimientos que fueron dando sustento a este tiempo tan particular.

El primer evento con una espiritualidad plena fue la visita a una persona muy especial en un lugar santo situado al pie de un cerro montañoso, en el norte de su país. Esta reunión transcurrió en un lugar y una fecha determinados, en los cuales la persona religiosa que ella visitaba era solicitada por cientos de individuos con sus pedidos y sus problemas. Algunos de ellos al ser tocados por la señora en cuestión experimentaban distintas visiones y sufrían una especie de desmayo que duraba algunos minutos y luego se reponían por su propia voluntad.

Particularmente, cuando la señora le apoyó a ella su mano izquierda, tuvo una visión de la imagen de la Virgen María. Fue una sensación muy especial, ya que el obsequio de la imagen fue percibido al mismo tiempo con una sensación de paz y de armonía que se mantuvo en su persona por algunas semanas.

Ella recordará este evento como una referencia, como un punto de inflexión en cuanto a los dolores de cabeza constantes y atroces que sufría cada día, las molestias a la luz y los malestares en otras partes del cuerpo que no respondían a ningún tratamiento, que luego de esa visita desaparecieron de su vida, algunos de ellos de forma permanente, como los dolores de cabeza.

El segundo evento, casi con las mismas características, ocurrió al conocer una basílica muy famosa de América del Sur, donde existen imágenes muy antiguas de la Virgen María, traídas del continente europeo. En esta oportunidad también ella sintió durante la visita y después de ella el bienestar espiritual y físico de forma inmediata y en las semanas posteriores al viaje que realizó al hermoso templo religioso.

Durante esta visita le llegó un mensaje fuerte, firme e inequívoco de su guía espiritual: ella le decía que debía "estar siempre atenta". Al principio ella no entendía su significado, a qué se refería, con quién debía estarlo, por qué debía hacerlo.

Con posterioridad a la visita, también se manifestaron en ella una paz interior y una disminución en el dolor de cabeza así como de las molestias acostumbradas de su cuerpo hasta el momento.

El tercer evento que también resultó una bendición fue la visita a un hombre, que también poseía capacidades especiales y que había accedido a recibirla. Tras explicarle lo que le pasaba, así como de entregar algunas referencias de su persona, el diálogo se instaló de una manera muy espontánea y cordial.

Con este hombre tuvo un diálogo largo y profundo al cabo del cual ella comenzó a ver las primeras pistas de cómo serían y cómo podría encausar sus capacidades. La persona consultada hizo predicciones para ella, le contó algunas cosas que ocurrirían y también le enseñó los rudimentos iniciales de este duro aprendizaje.

Con estos tres eventos —la visualización luminosa de la Virgen, el mensaje de "estar siempre atenta" luego de visitar la basílica con sus imágenes y el conocimiento de una persona con capacidades también especiales— ella comenzó a encauzar sus principales preocupaciones, y se inició otro tiempo en su vida. En ese período las molestias físicas, en especial el dolor de cabeza, cedieron un tanto, y empezó a notar de una manera constante en su mente el murmullo de voces no entendibles todavía para ella, que la acompañarían durante un tiempo, así como la aparición de imágenes blancas, luminosas y de otras clases, imágenes que si bien en décadas anteriores ella había observado de manera casual, comenzaban ahora a presentarse con mayor frecuencia y de una manera fugaz.

Ella aceptó estos últimos hechos como pruebas de su fe para con el Creador, con el objeto prepararla y probarla para lo que luego vendría en el futuro cercano. La determinación que a partir de ese momento la comprometió fue la de "estar siempre atenta" según el mensaje legado por su guía espiritual.

Capítulo 3. Las nuevas capacidades

En este tercer capítulo se describen algunas de las capacidades especiales, adquiridas en este tiempo del nuevo despertar espiritual así como la forma en que se fueron instalando y desplegando en la persona de la protagonista. También se pueden entrever los efectos de estas instalaciones y de estos despliegues de nuevas destrezas en la vida cotidiana, social y familiar de la protagonista, con todo lo que implicaron esos cambios.

Los eventos descriptos es este capítulo son cinco y están presentados con los siguientes títulos:
-El comienzo de las voces
-El comienzo de las imágenes
-El esperado encuentro con un par
-Las lecturas a diferentes distancias
-Los meses del cuello de botella

El comienzo de las voces

Las voces son, en su vida actual, un acompañamiento casi constante que tiene su comienzo y su afianzamiento casi desde el mismo momento del nuevo despertar. En un principio, era un murmullo constante y persistente en su cabeza, que con los meses se fue aclarando, hasta convertirse en voces que hablaban todas juntas. Era imposible saber qué le decían, no obstante, le producían una pérdida de la capacidad de atención. Fue una situación muy especial que por momentos la llevaba a la desesperación.

Con el correr de las semanas y los meses, comenzó a notar que algunas voces sobresalían con respecto a las otras y, si bien no se podía entender todavía qué le decían, parecía que las voces sobresalientes estaban más próximas, como si hubieran estado más cerca de ella o se hubieran escuchado más nítidas.

En este sentido, había dos voces muy agudas que ella escuchaba en casi todos los amaneceres; no entendía qué le decían, pero durante un tiempo estuvieron presentes todas las mañanas. También estaban aquellas que se escuchaban en algún lugar físico o población por donde ella pasaba, por ejemplo un sitio determinado, o una concentración de casas, durante un viaje.

Las voces siguieron escuchándose en el tiempo, aclararon su mensaje y aumentaron su nitidez y su proximidad. La situación simulaba una gran sala de reunión, en la que el murmullo de otrora se convirtió en un gran grupo de seres que hablaban a la vez.

Con el correr de los meses, las voces fueron más nítidas y más fuertes, y entonces ocurrió lo que de alguna forma ella presintió que llegaría: las voces se dirigían ahora claramente a su persona, ya fuera planteando temas, o preguntándole cosas muy concretas.

A partir de esta situación, las voces comenzaron a estar asociadas en algunas oportunidades a imágenes o mensajes visuales de corta o larga duración, que revelaban hechos ya pasados en el tiempo, o que estaban transcurriendo. Esto se presentaba durante interminables noches, en que las transferencias mostraban en un principio solo acontecimientos catastróficos o tragedias personales, con episodios de muerte de los protagonistas.

También de manera esporádica y puntual anunciaban sucesos futuros, que ocurrirían en algún momento, con certeza, y ella luego se encargó de comprobarlo personalmente.

Estos mensajes de voces, sin lugar a dudas, la confundían mucho a la hora del despertar matutino, o sea, al salir de los procesos de transferencia, para encausar las tareas de su vida cotidiana. No podía precisar en algunas oportunidades o momentos cuándo la información recibida era producto de transferencias nocturnas o cuándo era una noticia leída en la prensa escrita o televisada. Tampoco podía determinar si la transferencia se había producido con los ojos cerrados o abiertos; las situaciones resultaban confusas.

Con posterioridad, las voces se convirtieron en francos e inequívocos llamados, dirigidos a su persona, que invocaban su propio nombre; le llegaban sin importar dónde se encontraba y a cualquier hora del día.

Por ello, con frecuencia en este tiempo y en las mencionadas situaciones ella giraba la cabeza para escuchar a alguien, y al hacerlo se encontraba con que no había ninguna persona física detrás que le estuviera hablando.

Su vida se convirtió, por cierto, en una experiencia muy dura que cambiaba día a día sin que ella pudiera lograr el descanso diario durante la noche o luego del mediodía, como se estila en estas latitudes y con este clima. Solo su fuerte convicción religiosa, el legado de las capacidades recibidas para realizar el bien y su guía espiritual la ayudaron a mantenerse de pie y en equilibrio, con los valores recibidos de su familia y de su sociedad.

El comienzo de las imágenes

En un principio, la recepción de imágenes fue para ella un complemento de la recepción de voces, y también una sorpresa.

En un primer momento lo que ella visualizaba eran grandes manchas de colores vivos, como el rojo, y que estaban asociados a algo, o también a alguien en particular. En general, marcaba la proximidad del objeto o de la persona que identificaba.

También durante un tiempo fueron los colores de las vestimentas de visitas, asociados asimismo a las características propias de estas.

Luego fueron transferencias muy breves de imágenes de hechos ocurridos, al principio, hechos catastróficos de la naturaleza o accidentes de alguna clase, que eran situaciones retrospectivas en el tiempo, a veces con horas o días de diferencia respecto del momento de la imagen recibida.

Al inicio de estas experiencias, eran hechos cercanos geográficamente a los lugares en que ella se encontraba en ese momento, pero luego se convirtieron en imágenes de lugares lejanos dentro del país en donde ella vivía y, más tarde, en imágenes de catástrofes naturales de gran magnitud o producto del accionar del ser humano, sucedidas en países muy lejanos. Por supuesto, estas situaciones la turbaron durante bastante tiempo ya que la mayoría de esos hechos luego fueron comprobados por la prensa escrita o televisiva internacional.

Posteriormente, bajo la forma de transferencias directas o de visiones muy fugaces, ella comenzó a recibir imágenes de violencia familiar, que la perturbaban de sobremanera. Las personas observadas le resultaban desconocidas, con acentos idiomáticos extraños y con ropas a veces muy parecidas a las nuestras y otras veces muy diferentes. Estas situaciones influían mucho en su estado de ánimo, la dejaban con un sentimiento de profunda tristeza, al comprobar la maldad y el descontrol de tantas personas.

Una y otra vez vuelven a sus pensamientos algunos sentimientos que son producto de situaciones vividas que la entristecen, situaciones de personas con capacidades especiales que han pasado por experiencias de vida muy similares a la suya, pero que no tuvieron la oportunidad que ella tuvo, la de tener una guía espiritual que la acompaña y la aconseja todo el tiempo, así como la de una persona que la escucha y la ayuda con el diálogo establecido a tomar decisiones en la vida real en este mundo. Esto marca una profunda diferencia a la hora de establecer parámetros de esclarecimiento y también a la hora de la recuperación del equilibrio emocional.

Estos pensamientos son aún hoy casi una constante, en un momento la marean y la mantienen flotando en las peores tempestades, y en otro, la arrojan con fuerza en contra de una costa acantilada, para luego recogerla y volver a empezar.

A veces ella teme por su persona física y reza, para que pueda resistir todas estas pruebas que se le han impuesto con un propósito que seguramente es templarla para la entrega de todas las capacidades para las cuales ha sido elegida.

Sus días son un vaivén de sorpresas, informaciones y mensajes que le llegan, a veces agradables y otras desagradables. En ciertas ocasiones puede hacer algo bueno al respecto, pero en otras no sabe qué hacer con lo recibido. Sin embargo, en ella prevalece la meta decisiva de seguir.

El encuentro esperado con un par

El encuentro con una persona de características similares a las suyas fue muy importante para su vida. Fue un momento muy esperado y deseado, y luego de las tres horas de conversación, tuvo la impresión de estar hablando con un viejo amigo. Antes del encuentro y al principio de la reunión, sintió una intranquilidad que se disipó en un instante al sentirse tan comprendida y contenida en un diálogo fructífero de tal categoría.

La reunión fue cómoda, ilustrativa, esclarecedora, y marcó una dirección. La persona que ella había visitado y a la que comenzó a llamar "su par", trazó luego de la conversación un rumbo con indicadores en su vida. Fueron tan impresionantes y tan verídicas las predicciones, que la sacudieron, y con el tiempo además se fueron cumpliendo de manera inexorable. Esto le dio tranquilidad y una paz interior incipientes, que se fueron convirtiendo en realidad, en primer lugar con la disminución y posteriormente con la desaparición del atroz dolor de cabeza que ella tenía desde muchos meses atrás.

En un momento de la reunión con ese ser excepcional, mientras hablaban, ella miró por sobre el hombro de su par, detrás del cual había una ventana. A través de esta, visualizó una gran cruz perteneciente a un templo religioso vecino. La cortina se movía y le permitía ver la cruz, que fue una imagen tranquilizadora que ella siguió con su vista, sin distraerse de la conversación. Tal vez eran dos ángeles, que jugaban con ella a las escondidas, detrás de la cortina. Luego ella aceptó la visualización ocurrida y la tomó como una señal indicadora de que estaba con la persona adecuada para ese momento. En cierto instante de la reunión, le pudo ver el alma a la persona visitada y se sintió segura y en paz con su nuevo amigo.

Durante un tiempo aceptó a esta persona como su par, pero también como su maestro, y así se lo expresó en varias oportunidades de diálogos personales o telefónicos. En estos diálogos telefónicos, cada uno de ellos pudo visualizar al otro, ambos sabiendo a conciencia lo que estaban haciendo, cada uno hablando desde su hogar.

Luego de consolidada su amistad, siguió consultando a su maestro. Un día su amigo se refirió a este hecho con el siguiente comentario: "Este calificativo que tú me das de maestro será solo por un tiempo, ya que en un futuro no muy lejano serás tu propia maestra". Y agregó: "Cuando todas tus capacidades se hayan instalado y desplegado, serás tu propia maestra".

A partir de ese momento, comenzó a comprender que sus capacidades llegarían quizá a ser parecidas a las de otros pares de la misma época, con similares características, pero no iguales. Le llegó el pensamiento de que este pequeño grupo de personas con capacidades especiales era un grupo especial de seres, cada uno de los cuales tenía una tarea específica y un legado establecidos por el Creador.

Esto exacerbó, modificó y amplificó los sentimientos que se fueron instalando en su vida y que se mantendrán por siempre. Sintió que se convertía en una persona cada vez más sensible por un lado, pero también en una persona cada vez más solitaria.

Sobre estos dos temas ella volverá una y otra vez para mencionarlos o tal vez para tratar de explicarlos, pero en realidad se manejan solos, y la verdad es que cada día que pasa está más sensible y se siente más solitaria.

Las lecturas a diferentes distancias

Por los tiempos en que sus capacidades cambiaban día a día en su vida, los caminos por los cuales recibía información eran en primer término las visiones que se cristalizaban como una fotografía, imágenes rígidas por medio de las que tomaba contacto con un episodio, con lo ocurrido, pero sin detalles de voces o ruidos de objetos que pudieran aclarar lo sucedido en cuanto al lugar o al tiempo.

En segundo término, recibía las transferencias que ella imaginaba como secuencias de imágenes, voces, ruidos, objetos de referencia del tiempo, del lugar, o de las personas involucradas en el evento descripto.

En tercer lugar, percibía la combinación de visiones, transferencias y percepciones de las personas del entorno familiar y de los seres queridos, manifestadas por muy fuertes sensaciones del estado anímico de los seres involucrados.

Esas eran las tres formas de captación de información por esos tiempos, junto con la detección de hechos ocurridos a corta distancia, o también a cientos de kilómetros de donde ella estaba en ese instante. Esas tres opciones eran también aplicables a los acontecimientos que sucedían a larga distancia, a miles de kilómetros de donde ella se encontraba en ese momento.

Como se ha mencionado anteriormente en este libro, en un principio estos sucesos eran cotejados o comprobados por información de la prensa oral, escrita o televisiva cuando los hechos lo permitían y era posible, porque en ese momento lo realizado le otorgaba seguridad y era algo que ella necesitaba hacer.

Con el transcurso del tiempo, ya no fue necesario realizar tales procedimientos, porque ella comenzó a sentirse más segura de la información recibida, producto de su nuevo accionar. En un principio los hechos se relacionaban casi siempre con catástrofes y hechos de naturaleza violenta, pero luego lentamente se fueron incorporando también hechos positivos y de naturaleza benévola, que sin prisa, pero sin pausa aportaron una sensación de mayor equilibrio y bienestar a su vida.

Poco a poco aquello que parecía una larga y tediosa espera de lo positivo, como las formas de utilización de sus capacidades para realizar el bien en beneficio de las personas, fue tomando cuerpo, y ella sentía con el paso de los días que podía ayudar y acompañar a las personas con su presencia física y también de una manera espiritual.

Este cambio fortaleció los vínculos de su crecido amor a Dios, a la Virgen María, a su hijo Jesucristo y también a su guía espiritual, que en todo momento la acompañaba, a veces de modo silente con su sola presencia, en otras oportunidades sugiriendo u ordenando imperativamente tareas destinadas a su vida espiritual para que fueran realizadas en un tiempo determinado.

En esa época comenzó a vislumbrar que aquel proceso iniciado de manera tumultuosa y sin orden aparente empezaba a tomar forma y a tener prioridades, lo que proporcionaba armonía y paz a su vida.

Estas secuencias de sucesos tan diferentes no deben ser olvidadas por las personas que inician en algún tiempo de sus vidas la instalación y el despliegue de capacidades especiales por haber sido elegidas para el legado por Dios.

Los meses del cuello de botella

Tal como lo había anticipado su amigo sensitivo inicialmente, la instalación total y el despliegue de sus capacidades especiales tomarían algunos meses, que él denominó como los "meses del cuello de botella ", período en el cual sucederían las mayores transformaciones de su vida. Entre ellas se anunciaban los cambios de manifestaciones exteriores durante las transferencias, la aparición de nuevas capacidades y el comienzo de visiones o transferencias que evidenciaban hechos positivos, a diferencia de lo que había tenido hasta el momento.

Los meses del cuello de botella fueron sin dudas los de los más grandes cambios en sus capacidades, pues se ampliaron en número, se extendieron a planos no esperados, y se profundizaron sus propiedades.

Los cambios ocurrían casi día a día. Las transferencias que se producían al principio durante la noche eran más prolongadas y captaban casi toda su energía corporal, por lo que ella llegaba al nuevo día con un marcado decaimiento físico. Se diría que no se encontraba en condiciones de tener alguna otra actividad física importante durante la mañana de la nueva jornada.

Durante ese período, fue imposible que tomara obligaciones laborales formales que tuvieran horarios matutinos. Solo pasado el mediodía y llegada la tarde se reponía de su pérdida energética nocturna y volvía a funcionar con cierta normalidad en sus tareas que suponían exigencia física o mental.

Fue una época muy dura para ella ya que en su naturaleza existían las exigencias que ella misma se imponía así como los compromisos de la vida cotidiana que había asumido hasta entonces. Al verse sin posibilidad de cumplir con todas estas situaciones, sintió la pesada carga de impotencia en su vida, mientras tomaba rumbos inesperados y jamás pensados para su futuro.

Se comenzaba a vislumbrar cuál sería su tarea en esta vida, uniendo como puente el mundo de los espíritus con el mundo real, donde todavía ella vivía físicamente, con todas sus reales connotaciones.

Otro de los grandes cambios de ese tiempo fueron los experimentados en las manifestaciones exteriores de su cuerpo. Los dolores de cabeza que hacían insoportable su existencia en otros tiempos fueron reemplazados en este período por copiosas transpiraciones, como si se tratara de un mecanismo de acompañamiento a toda esa energía producida en su cuerpo, en el tiempo de las transferencias.

Sin dudas estos nuevos cambios fueron recibidos por su cuerpo y su mente con beneplácito.

También se encontró en este período con la aparición de nuevas capacidades que tenían que ver con el acompañamiento, en sus más variadas formas. Por ejemplo, estar presente espiritualmente en el momento y el lugar en que se habían perdido niños y que no podían encontrar el camino de regreso a sus hogares, o contener a niños que estaban molestos o enfermos de manera temporal, o acompañar a personas que sufrían por sus enfermedades, era el vehículo para que recibieran la gracia divina, como un puente de armonía que los aliviaba.

Otros de los cambios innegables en su vida fue la continuación de las visiones o transferencias referidas a hechos positivos, que le otorgaron otro humor con renovadas expectativas, después de tanto tiempo del registro de sucesos catastróficos. Estas novedades le infundieron nuevas ganas de aplicar todas sus capacidades al logro y a la consolidación del bien colectivo o individual.

Ella sabe muy en lo profundo de su ser que no puede ni debe influir en el curso de la historia de la vida de quien sea se trate, ya que todos los detalles de cada uno están escritos de antemano por el Creador; no obstante, se le dificulta a veces manejar sus actitudes humanas, en las que afloran su compasión y su comprensión, pero por sobre todas las cosas, su arraigada actitud solidaria frente al ser humano olvidado por la sociedad.

Capítulo 4. La nueva situación

En este cuarto capítulo se describe cómo fue modificándose la comunicación en todo aspecto y con detalles en la vida cotidiana de la protagonista.

Los cambios pudieron ser observados y valorados en los diferentes planos de la comunicación, con los familiares, con los amigos cercanos y con los integrantes de la comunidad en la que ella vivía y tenía su interacción social.

Los eventos descriptos es este capítulo son cuatro y están presentados con los siguientes títulos:
-Los cambios en la comunicación
-Los cambios en la familia
-Los cambios fundamentales en los amigos personales
-Los cambios y la comunidad

Los cambios en la comunicación

Los cambios fundamentales de la comunicación con sus amigos y con compañeros personales a lo largo de este proceso se desarrollaron con muchas dificultades, producto de su inseguridad y de su resistencia a contar lo que le estaba sucediendo.

Después de transcurrido bastante tiempo del inicio de su nuevo despertar, con el apoyo incondicional de su guía espiritual, y luego de muchos malentendidos y otras tantas incomodidades, pudo contar a sus seres allegados lo que le estaba ocurriendo. Sucedió entonces que pudo abrirse un poco, primero con una persona que por su formación académica y por su práctica en el área de investigaciones de la salud humana, pensó que tal vez podría entender mejor que otras lo que le estaba pasando. Así, de alguna forma, nacen el antes y el después, en el seguimiento del proceso de las transformaciones, que ella viviría con tantas dificultades.

Como todo comienzo, las dificultades a nivel del entendimiento estuvieron centradas en el léxico usado para comunicarse con la otra parte y en los conceptos utilizados por cada uno, para poder expresarse y decir lo que se quería, de una manera inequívoca. De esa forma, se trató de llevar adelante el relato de lo ocurrido en su vida, así como los aportes y las respuestas esperadas que de tanto en tanto presentaba su compañero de tareas.

Con el correr del tiempo y luego de superar los obstáculos iniciales, con su compañero de tareas logró una mezcla equilibrada de diálogos de los hechos y mucha lectura ilustrativa. Comenzó entonces a confiar en la persona que había elegido y pudo abrirse paso a los hechos, a la instalación y al despliegue de sus capacidades especiales, que ocurrían de manera ininterrumpida y velozmente en su ser.

Con ese cimiento inicial, se fue construyendo una asociación simbiótica de muy fuerte ligazón, que dio estabilidad a la comunicación formal entre ambos, así como a la realización de obras solidarias en las comunidades y también a la elaboración de este escrito, que desde el principio tuvo como meta ser un libro formal, por exigencia de la protagonista, basada en sus necesidades espirituales, que fueron establecidas en un principio del diálogo.

La aceptación de los eventos percibidos, visualizados o recibidos por transferencias, algo muy fuerte que inicialmente le costaba aceptar a su compañero de trabajo, por su formación académico-científica, dio paso luego de un tiempo a una aceptación sin condiciones, al comprobarse la certeza de la mayoría de los hechos, por la información aportada por la prensa oral, escrita o televisiva.

Los eventos sucedidos, que fueron detectados por medio de sus capacidades, así como las transformaciones de estas últimas, seguidas por comprobaciones de su compañero de tareas, dieron como resultado, al final del período mencionado, una comunicación sólida y efectiva que aportó estabilidad, armonía y tranquilidad a su vida, en el sentido de que a partir de ese momento, tuvo a quién contarle lo que le pasaba. El peso de los acontecimientos que ella soportaba sola en un principio era ahora compartido por la espalda de otra persona del mundo real. Esto le dio una ayuda y posibilitó un alivio transitorio al esfuerzo, y otorgó tiempo para que las transformaciones venideras sucedieran en las vivencias tan especiales de este tiempo de su vida.

Los cambios en la familia

Los nuevos tiempos y los cambios observados en los integrantes de su familia se dieron de una manera muy rápida acompañando el proceso de transformaciones vividos por su ser.

La desaparición de su esposo del mundo real dejó un vacío en la conducción de la familia, que ella no pudo llenar, a pesar de sus esfuerzos en tal sentido.

Los malestares corporales que ella sufría diariamente y también debido a que en esos tiempos realizaba mucho reposo dentro de su hogar favorecieron la decisión de los tres hijos, que en ese momento vivían con ella, de poner más velocidad en sus ideas de independencia, dejándola sin oportunidades para el diálogo constructivo; sobre todo, con sus dos hijos menores, que todavía necesitaban el apoyo de sus padres para crecer en condiciones más favorables en su edad adolescente.

Ellos comenzaron a estar cada vez más tiempo fuera del hogar, con sus amistades o compañeros de colegio, y enseguida formaron sus respectivas parejas. Consecuentemente, estaban mucho tiempo fuera de la casa y con ello aportaron a su vida una soledad, una tristeza y una sensibilidad crecientes.

El crecimiento de sus hijos y su añorada independencia lograron cerrar el círculo de las relaciones hogareñas, y la dejaron fuera de él. El hogar se transformó en poco tiempo para casi todos ellos en un sitio de paso donde llegaban los cansados viajeros al final del día, con muy pocas ganas de generar un diálogo constructivo.

Al no vislumbrar un futuro en cuanto a un trabajo formal, ella inclinaba sus esfuerzos a la búsqueda laboral, aún a sabiendas de que su estilo de vida en ese tiempo había cambiado en muchos aspectos, pero especialmente en cuanto a los horarios del día se refiere, de una manera irreversible.

Ella sabía en lo más profundo de su ser que en ese momento le sería muy difícil tener un trabajo formal para el sustento de la familia, debido precisamente a los cambios de horarios experimentados en esa etapa de su vida.

Durante gran parte de la noche, su actividad mediúmnica le impedía descansar adecuadamente, y las consecuencias eran entonces el sueño y el cansancio a la mañana siguiente. Recién se reponía de los dolores de la noche anterior hacia la tarde del día siguiente, y a partir de allí comenzaban las reservas y el miedo ante la llegada de la noche, que se acercaría con sus nuevas experiencias y connotaciones.

Esta situación la angustiaba y la perturbaba mucho, y le impedía programar el día siguiente, ya que ella no sabía si a la mañana siguiente podría cumplir con lo eventualmente pactado respecto de una actividad determinada.

Esa secuencia repetitiva de hechos a lo largo del tiempo afectaba su voluntad, y ella entraba de tanto en tanto en períodos depresivos, de los cuales lograba salir a duras penas. Pensaba que los meses del cuello de botella pronto terminarían, según lo había explicado su amigo par, y a partir de entonces podría tener una vida un tanto más controlada y predecible.

Fueron tiempos muy duros para su vida hogareña; esperaba una colaboración, una comprensión y una contención de parte de sus familiares, que nunca llegaron, por lo que la afectaron la tristeza y la desazón. Su vida se había convertido en lo que en el lenguaje cotidiano llamamos "un mal sueño", que le daba ciertos respiros y luego volvía a empezar. Deseaba con todo su corazón, rezaba y rogaba al Creador para que la sacara de tal torbellino de experiencias, que parecía no tener fin. Luego de un tiempo, el deseado cambio llegó, y otro tiempo de nuevas e importantes experiencias la esperaba.

Los cambios fundamentales en los amigos personales

Los cambios de actitud observados en sus amigos en los meses del cuello de botella fueron para su vida una prueba innegable de las transformaciones que en ella se estaban produciendo.

Sus amigos sabían a ciencia cierta que su vida estaba modificándose, pero en un principio lo atribuían a la cuestión familiar, a los aspectos laborales y a las circunstancias coyunturales de una sociedad en desarrollo, en la que ella buscaba su camino como meta impostergable.

Con el tiempo, el tema fue tomando claridad y se fueron dando cuenta de que algo más profundo estaba ocupando su vida. No sabían qué era, pero sí que estaba sucediendo en ese momento, y como ella no se los explicaba —de hecho no se puede explicar demasiado fácilmente este tema—, la mayoría de ellos comenzó a tomar distancia y dejó de frecuentarla.

Como era de esperar, las visitas fueron disminuyendo la frecuencia, ya no se celebraban las reuniones conmemorativas de aniversarios o cumpleaños, hasta que, inevitablemente, el alejamiento de sus amigos se produjo.

Eso aportó soledad y tristeza a su vida; se la pasaba recordando los momentos vividos con cada uno de ellos, lo cual parecía irónico, porque en ese tiempo, cuando más los necesitaba, no podía contar con su proximidad y su consideración.

La situación planteada se volvió sobre ella, quien como resultado buscó la soledad, porque supo y entendió que no debía contar a sus amigos la situación que estaba viviendo, porque no la entenderían, al igual que lo que había pasado con un familiar según se ha relatado anteriormente en este libro.

Lo que ocurrió con todo este proceso de preparación que vivió fue que ya no sabía con certeza a dónde iba, pero sin lugar a dudas se dio cuenta de que la situación la llevaba de la mano hacia algo muy especial, a una tarea poco común, para la cual había sido elegida por Dios con un propósito muy claro.

Hay una inflexión que ella siempre tiene presente y a la cual vuelve en los momentos de soledad: es el mensaje que le dio una vez su guía espiritual, con motivos de una visita a la imagen de la Virgen María en un hermoso templo. El mensaje fue "Estar siempre atenta" a las cosas y a las circunstancias que la rodean y ser útil así como bondadosa con el necesitado y con la persona que sufre.

Desde entonces, y con la ayuda que da la habilidad de lectura de las auras, ella pudo captar la capacidad para hacer el bien que tienen algunas personas que conoce en esta vida, y con ellas quiere estar todo el tiempo que le sea posible, disfrutando de sus presencias y sus energías armonizadoras.

También reconoce la capacidad de hacer el mal que tienen otras personas, pero de estas quiere alejarse porque les hacen daño a su alma y a todo su ser.

Sabe además que algunos de sus amigos volverán luego de este alejamiento temporal, cuando hayan pasado los meses del cuello de botella, pero también sabe que ya no será lo mismo, porque ella ha cambiado de una manera y no podrá retroceder a situaciones anteriores. No obstante, está convencida de que podrá reunirse con ellos nuevamente, aunque algunas realidades de su nueva situación de vida personal y su tarea de acompañamiento que realiza como mandato del Creador no podrán ser contadas de ningún modo a sus amigos, ya que si lo hace, no lo entenderían y volverían a irse nuevamente de su vida.

Los cambios y la comunidad

Durante los meses del cuello de botella, los cambios experimentados en su vida resultaron perceptibles también para su comunidad. La sociabilidad que ella practicaba para ese entonces y que ya iba disminuyendo en su vida decreció aún más, y eso le produjo internamente una retracción y una tendencia a no salir de su hogar, por lo que redujo al mínimo sus movimientos y sus contactos con la comunidad.

Su sensibilidad se incrementó hasta alcanzar un estado emocional en el que sufría casi constantemente por las necesidades sociales no satisfechas, sobre todo por la pobreza de algunos grupos humanos. Se volvió hipersensible.

Su creatividad en general y su creatividad laboral en particular disminuyeron a valores insospechados, era algo que ella no podía creer o que no quería reconocer, porque en otros tiempos había sido una persona muy creativa laboralmente hablando. Se desconocía y se rebelaba frente a esta faceta tan inesperada y tan adversa para el trabajo con el cual ella podía mantener su hogar y a sus hijos.

Con lo descripto anteriormente, llegaron también la disminución y luego la carencia de los afectos, que la llevó a períodos en que alternaba estados de euforia con estados de depresión. La desesperaba estar frente a un futuro tan incierto, en el que no se veía una promesa que mitigara tanta impaciencia e incertidumbre a la hora de la realidad cotidiana.

Se instaló posteriormente en su ser un sentimiento de soledad que no apareció de la nada, sino que se iba vislumbrando, pero se instaló en ese tiempo como para quedarse en su vida. Se dio cuenta de que en adelante tendría que convivir con ese sentimiento, y de que lo mejor sería aceptar las condiciones que conllevaban la instalación y el despliegue de ese legado de Dios.

Algo que afectó mucho su vida cotidiana y que no pudo manejar en un principio fue el nuevo esquema de horarios de su existencia. Comenzó por el hecho real, tangible y repetitivo de no poder descansar por las noches como lo hacía en su vida anterior. Según el nuevo esquema, a la hora de dormir del común de las personas, ella comenzaba a despertarse y a "estar siempre atenta" a los mandatos de sus obligaciones espirituales. Por lo tanto, a la mañana siguiente, en el tiempo en que la mayoría de la población se levantaba para realizar su actividad cotidiana, ella comenzaba a sentir cansancio y tener sueño debido a su actividad nocturna. Así, la mañana se convirtió para ella en el horario de descanso cotidiano y de reposición de energías.

A veces al mediodía podía compartir el almuerzo con sus familiares y por la tarde continuaba su descanso, de modo de quedar preparada y repuesta para la noche, y el ciclo volvía a empezar.

Estas circunstancias sumadas a las anteriores y a sus noches en actividad originaron una situación de desencuentros con su familia, con sus amistades y con su comunidad. Ella no podía explicarles lo que le estaba pasando a su vida y a su ser; eso en ocasiones la desequilibraba, y solo con la fuerza de su voluntad volvía a encontrar un balance y seguir con su vida.

Capítulo 5. Las capacidades y las necesidades

En este quinto capítulo se describe cómo las nuevas capacidades de la protagonista se convierten en el corto plazo en herramientas de ayuda para su relación con las otras personas. También se pone en evidencia que los mensajes de compañía y las personas con actividades similares a ella, es decir, sus pares en sensibilidad, le dan bienestar a su vida de una manera tangible. Los eventos descriptos en este capítulo son cinco y están presentados con los siguientes títulos:
-La lectura de las auras humanas
-El alejamiento de personas
-El diálogo con familiares
-Los mensajes de compañía
-La necesidad de los pares

La lectura de las auras humanas

Una de las capacidades que la protagonista desarrolló en su vida adulta en la época del nuevo despertar fue la observación del aura de las personas. Esto ocurrió por primera vez en su vida cuando se dieron determinadas condiciones de armonía en su espíritu y en su cuerpo, luego de que se diera cuenta de que tenía una guía espiritual que la acompañaba y la aconsejaba todo el tiempo.

En el momento adecuado, la experiencia llegó inesperadamente con una persona muy cercana a su entorno personal. Ella no quiso contarla enseguida por temor a que no fuera real, y se tomó unos días para evaluar la situación. No sabía cómo entenderla, hasta que se lo explicó a la persona a la cual se la había observado. Comenzó por los aspectos físicos de la energía, lo que en rigor se puede leer en los libros de texto de los especialistas del tema. Luego de la narración, se sintió más confiada para explayarse en lo que le había ocurrido; surgió de una manera espontánea y según su propia forma de decir las cosas, ya que como sabemos cada individuo que logra visualizar el aura en otros lo hace generalmente de una manera muy personalizada. Muy rara vez el procedimiento se homologa en su totalidad con el que realiza otra persona con similares capacidades.

Más tarde sucedió la lectura de libros para profundizar los conocimientos del tema y las consultas a sus pares, quienes le dieron ánimo para seguir ejercitando la técnica, continuar con el proceso de práctica y completar el entendimiento de las preguntas que surgían en el camino.

Los mecanismos de concentración y de armonización, que son previos a la realización de la mencionada actividad, lograron mejorar en su caso el procedimiento habitual. Saber que el aura representa la manifestación del yo de cada persona y que como tal se presenta energéticamente diferente según el estado anímico y armónico de la persona que la genera le dio los elementos para entender que era un método válido a la hora de tratar con las personas conocidas o no en la natural relación humana.

Se sabe que esa increíble cantidad de energía manifiesta que tenemos es también la carta de presentación del alma o el espíritu de ese individuo. Con la práctica de estas lecturas fue adquiriendo la seguridad en su proceder, en el diálogo con las personas no conocidas, y asimismo elementos de valoración de las personas conocidas.

Además, con el ejercicio de esa práctica, el tiempo necesario del proceso inicial se redujo en número de secuencias para lograr la visualización, y también se redujo el tiempo utilizado para lograr la lectura. Luego de algunos meses obtuvo resultados favorables, en espacios de tiempo muy breves, con un gran número de personas adultas y con niños muy pequeños.

Luego de lo descripto, descubrió que hay algunas personas cuya aura le resulta muy fácil visualizar y se siente atraída por ellas, logra casi instantáneamente una conexión espiritual y una compatibilidad de caracteres; en general, con todos aquellos que practican la bondad, la solidaridad y la compasión.

También se encontró en este camino con personas por las que siente rechazo y de cuyas auras no quiere hablar, porque ha percibido en ellas algunas formas del mal.

Con ello nuevamente se afianza la idea de su especial sensibilidad, así como su inclinación a ayudar al necesitado o al que sufre y también su genuino rechazo a las diferentes formas del mal.

De esta manera encontró en esta nueva capacidad una herramienta importante que la ayudará en los años venideros a esclarecer y decantar mensajes producidos en la comunicación real con los semejantes, que a veces no coinciden con lo que la persona está diciendo o haciendo en ese momento.

La práctica continuada de este tipo de lecturas le permitirá asociar más adelante los colores, las formas, la presentación y la combinación de bandas de tonalidades con los perfiles de las personas con las cuales está tratando.

En un principio esta nueva capacidad la intimidó, pensando en los límites hacia los cuales se encaminaba su vida nueva, con sorpresas y con sobresaltos a cada instante. Luego entendió que esto también tiene un propósito y que ella debe comprender cuál es, debe entender su utilidad en el futuro y cómo se debe usar para hacer el bien como legado de Dios.

Asimismo, piensa que existirán otras capacidades especiales que tendrá que recibir y ejercer, que ahora está acompañada por su guía espiritual y siempre atenta y que podrá sobrellevar los cambios y las exigencias a que estará sometido su cuerpo.

Sabe en lo profundo de su ser que su alma y su guía espiritual no permitirán que nada malo le pase, se siente protegida y encuentra en su voluntad, el camino para recuperar el equilibrio mientras su vida real y cotidiana continúa.

El alejamiento de personas

Todos los cambios fundamentales vividos en el tiempo del cuello de botella afectaron mucho su vida, pero uno en especial tuvo una influencia decisiva: fue el alejamiento de personas del entorno cercano. Las personas dejaban de frecuentarla y se alejaban, pero ella no sabía por qué lo hacían. En ese tiempo no era posible explicarles lo que estaba pasando en su vida, porque no lo creerían en primera instancia o tomarían distancia cuando lo supieran, tal como ocurrió y se demostró en algún momento.

En una oportunidad, ella le contó a una persona muy cercana a la familia una experiencia, la de visualización de la imagen de la Virgen María, y luego de ello esta persona se desvinculó totalmente y no quiso hablarle más, evitando todo posible diálogo con ella.

Si quedaba alguna duda de lo que ocurriría si contaba lo que le estaba pasando al respecto en su vida cotidiana, este hecho vino a sellar la situación y la dejó sin oportunidades de revertirla.

En otro orden de cosas, otro hecho vino a poner alegría en su vida y fue el despertar de su capacidad para la sanación espiritual, que ella ha identificado como el siguiente legado de Dios.

Esta nueva capacidad ha sido algo que ella siempre ha deseado y esperado, por lo que cuando sucedió, la disfrutó muchísimo, porque era algo que sin dudas usaría para hacer el bien a sus semejantes.

Llegó en forma de mensaje y también de visión, por medio de su guía espiritual que le decía y que le mostraba que en un futuro no lejano, cuando se hubieran completado algunos ciclos y algunos nuevos aprendizajes y cuando en rigor fuera tiempo, tendría el don de sanar, que sería aplicado con sus manos por obra de Dios y con la asistencia de su guía espiritual. Esto solo sería posible para aquellas personas que debieran ser sanadas.

Esta visión y este mensaje la fortalecieron, porque llegaron en un momento en que ella realmente los necesitaba. La transformación de su ser en los meses del cuello de botella había sido dura y sin pausas en el día a día. El anuncio de esta capacidad que vendría a su tiempo le dio un alivio y un objetivo a mediano plazo en el cual ella se apoyaría para enfocar las perspectivas de los años venideros.

La transformación se iba cumpliendo, y su alma vieja y sabia seguía escribiendo la futura historia prevista para ella. A la vez era agradable saber que algo que ella siempre había deseado se cumpliría con el tiempo. Era una promesa fuerte que le daba energías para seguir con el cotidiano y duro proceso de la transformación.

Ahora sí, al levantarse por las mañanas y luego de la actividad de la noche, sentía que su vida iba tomando un curso, una dirección hacia algún lugar y tiempo, que aunque incierto todavía, era un bálsamo en su vida, que le ayudaba a estar siempre atenta y a cultivar su paciencia y su tolerancia. Seguía entonces con las transformaciones de su ser, con el objeto de cumplir con la misión que le tocaba en esta vida, tarea tan distinta y tan especial como es la de unir el mundo espiritual con el mundo real donde vivía.

Ella sabía, sentía y también lo sabe hoy que en ese imaginado futuro, las personas necesitadas la buscarían tratando de encontrar en ella el camino hacia el Creador y el mecanismo de comunicación para conectarse con el mundo de los espíritus.

El diálogo con familiares

El diálogo con sus familiares en el tiempo del cuello de botella comenzó a resultar extraño y a desvanecerse, llegó a perder su efecto positivo y beneficioso para todos ellos. Parecía una situación increíble, pero ninguno de los integrantes de la familia tenía real interés en recuperarlo o querer construir uno nuevo.

También ellos sabían que algo estaba pasando, pero ella no se animaba a tratar el tema abiertamente, por temor a la incomprensión que ya había notado en personas no tan cercanas y que produjo un alejamiento repentino e inexplicable de ellas.

Con frecuencia la meditación sobre esta situación la llevaba a pensar en el viejo miedo que ella conocía desde hacía mucho tiempo, el temor a la locura y los límites tan tenues con los cuales algunas capacidades especiales son a veces confundidas.

Ella sabe en lo profundo de su ser que el aprendizaje de sus capacidades especiales y las tareas encomendadas que puede concluir diariamente con el objeto de unir los dos mundos como un puente son muy difíciles de explicar a las personas que no han logrado la apertura espiritual. Con frecuencia se confunden los conceptos que, por cierto, están montados en un basamento de paz y de armonía interior y en un tiempo de vivencias de la fe.

Ella cree que en algún momento podrá abrirse para explicarlo, quizás la redacción de este libro sea un primer paso hacia ello, quizás lo pueda lograr con algunas personas, pero todavía falta tiempo.

Ella está convencida de que debe seguir dibujando con el papel y el lápiz que Dios le dio, buscando en su fe el momento adecuado para abrirse y poder liberar todos aquellos pensamientos y sentimientos que hace ya tiempo que viene guardando.

El diálogo con sus familiares y sus seres queridos cercanos ha sido, es en la actualidad y será en el futuro de su existencia un desafío constante a todas sus condiciones como persona, por lo que trata de lograr el mejor entendimiento con ellos. Cree que la actividad que le toca desarrollar no es fácil de concretar, y no obstante, intenta hacer lo mejor posible cada día.

Los mensajes de compañía

Algunos hechos que la acompañaron en los meses del cuello de botella fueron muy bienvenidos, porque estaba en esos momentos cansada de tantos desaciertos y necesitaba sin dudas de nuevas señales positivas y de acompañamiento a su vida, debido al proceso de transformación que estaba teniendo lugar.

Algunos de ellos fueron de alto contenido emotivo, tal fue el caso del episodio del ángel y el durazno, que la llenó de fe y paz, al sentir que estaba siempre acompañada y no sola, como a veces se sentía. Ocurrió una tarde en su casa materna, cuando estaba comiendo un fruto de durazno. Por razones que ella ignora, ya que no recuerda que le haya ocurrido otra vez, en un momento mientras comía, se atragantó con un bocado y comenzó a inmovilizarse, ya que no podía despedirlo de su boca ni tampoco podía respirar.

Trató de girar su cuerpo con el objeto de que alguien la viera, en la situación desesperante por la que ella pasaba, pero los presentes no se dieron cuenta. Luego de unos instantes que parecieron una eternidad ya que no podía respirar, por alguna razón trató de agacharse, pues estaba de pie. Levantó la cabeza como en actitud de súplica, y en ese preciso instante vio un ángel separado del piso, que la estaba observando. Ella no podía definitivamente resolver la situación de su bocado de comida y empezó a desesperarse, no obstante, siguió mirando la imagen frente a ella. En ese momento comenzó una salva de muchos estornudos que destaparon su obstrucción, empezó a respirar nuevamente y se fue corriendo enseguida al baño, donde terminó el episodio, y su vida volvió a la rutina hogareña en la casa de sus padres.

Esta experiencia la dejó perpleja porque comprobó una vez más que no estaba sola y en aquel momento vio la imagen de sus acompañantes.

Otro de los episodios que también está en el grupo de los mensajes que acompañaron positivamente su vida, en este tiempo de las grandes transformaciones de su ser, que aportaron fe y paz a su existencia, fue el episodio de los nardos.

Ocurrió que una mañana al despertar de sus noches tan activas, comenzó a sentir olor a nardos; un aroma tan especial asociado casi siempre a lugares santos y a presencias divinas. Ella lo asoció enseguida a la visita de una divinidad que siempre esperó. En otra oportunidad ya había experimentado algo semejante, en las visitas a lugares santos, que ella había disfrutado mucho.

Aceptó entonces este episodio como una nueva muestra de las presencias que la acompañan en su caminar de todos los días, recorriendo este proceso de instalación y de despliegue de sus capacidades especiales. En adelante recordará estos dos episodios como situaciones que la rescataron de una circunstancia muy incómoda en una ocasión y levantaron su ánimo en otro momento.

Con frecuencia piensa y repite que esta nueva actitud de vida que tiene hoy, "la de estar siempre atenta", conlleva situaciones que acrecientan su fe en Dios y atraen la paz y la armonía a su vida, disminuyendo la resistencia que a veces tiene a la instalación de las capacidades legadas por el Creador.

La necesidad de los pares

Una de las preocupaciones que ha estado siempre presente en su vida y que ha tratado de convertir en ocupación ha sido la soledad que vive como ser con capacidades especiales, es decir la necesidad de compartir con sus pares algunas vivencias.

Por ello, uno de los grandes objetivos desde el comienzo del proceso de transformaciones fue la escritura de guías educativas, libros que sirvieran para acompañar a las personas que viven el proceso de instalación de capacidades especiales, sobre todo en los períodos iniciales del despertar a la espiritualidad, y en particular a las personas en dicha situación en los momentos de aceptación de esas capacidades, que son los más difíciles. La idea siempre fue contribuir a la disminución de las resistencias al cambio de vida, acompañando los logros que el ser humano elegido debe aceptar.

La protagonista considera de vital importancia que las personas elegidas para la tarea espiritual no se encuentren solas en esos tiempos porque el riesgo de encaminarse hacia un desequilibrio es muy grande, y nuestras estructuras educativas y de salud no están preparadas todavía para la detección regular y precoz de niños o adultos con capacidades especiales.

Su pensamiento ha sido y es el mismo al respecto: los niños, por el potencial que tienen, y los adultos con estas características, deben disponer de centros especiales para la detección, el apoyo y la contención de estas situaciones.

Una de las prioridades es evitar que estas personas, por la demanda que sus familiares puedan ejercer, se incorporen como pacientes de centros de salud para el tratamiento de enfermos mentales, con la consecuente posibilidad de que reciban tratamientos convencionales, que no son la ayuda adecuada para su futuro.

Otra de las prioridades es encaminar al niño en primer lugar y también al adulto hacia la completa instalación y el despliegue de las capacidades asignadas que cada uno recibe como legado de Dios.

Algo fundamental para la vida futura de estas personas elegidas es ayudar con la decisión del buen uso de esas capacidades, con el consejo y con las recomendaciones para que estas sean usadas para hacer el bien en la comunidad donde transcurre su existencia.

La hipersensibilidad desarrollada por la protagonista, lograda a partir de procesos similares al descripto, se ve agredida y afectada por los hechos de violencia que hay en la sociedad de nuestros días.

Ella cree con profunda convicción que cuanto mayor sea el número de personas con estas capacidades, que trabajen activamente en difundir pensamientos, emitir señales y transferir mensajes para relacionarse con otras, haciendo lo que deben, se podrá controlar o disminuir la violencia en la familia, en los colegios y en las comunidades.

En algunas oportunidades ella también ha comentado que la interrelación de personas con capacidades especiales y sus comunidades, amigos y conocidos ocasionales debe ser siempre una oportunidad propicia para que mediante la conversación y los actos, se emitan señales y transferencias para armonizar situaciones o conflictos existentes entre ellos.

Un hecho comprobado es que una actitud espiritual positiva de un ser elegido en específicas relaciones humanas en conflicto, sin ser este un mediador visible de los temas que producen las diferencias de criterios, a veces solucionan los desacuerdos existentes. Esta opinión refuerza algunos de los hechos en los que con frecuencia ella insiste: "La actitud constructiva de un ser humano es siempre beneficiosa para el medio en el cual ese ser desarrolla su accionar".

Capítulo 6. Experiencias inexplicables

En este sexto capítulo se describe de qué manera van tomando un nuevo matiz las actividades cotidianas de la protagonista. También cómo nuevas experiencias y destrezas se integran a su persona de la mano de otras situaciones vividas que no pueden ser imaginadas o explicadas de manera elemental a las personas que no tienen información previa en estos temas.

Los eventos descriptos en este capítulo son cinco y están presentados con los siguientes títulos:
-La actividad cotidiana de su vida
-La visualización de situaciones
-La experiencia de los carozos y los ángeles
-Los esperados avisos
-La experiencia de autosanación

La actividad cotidiana de su vida

En este tiempo que hemos identificado como "los meses del cuello de botella", en el que se dieron grandes transformaciones en su vida, ella tenía dos grandes caminos de ejecución: uno mostraba casi siempre novedades diarias en cuanto a las capacidades adquiridas; el otro era de vivencias repetitivas como las ya narradas, que solo recibían el barniz cotidiano.

La ayuda social que ella siempre había desarrollado desde su juventud se produjo también en este período, solo que al abrirse a las puertas de la espiritualidad, disponía de más elementos positivos para la ayuda deseada, como la transmisión y la recepción de energías de las personas con las cuales se relacionaba.

Cuando comenzó a percibir la energía que todo ser vivo produce, pero que solamente algunas personas pueden ver y evaluar, pudo entonces apreciar las situaciones por las que un ser humano estaba pasando, así como las características personales de ese ser. Las capacidades le otorgaban elementos de gran valor para la comunicación con la persona que necesitaba de alguna ayuda.

También en este período se dio cuenta de que la actitud espiritual para la ayuda al necesitado se traduce en una emisión de energía que ella misma aporta hacia ese ser humano necesitado y que seguramente contribuye a su sanación espiritual. Eso la complacía mucho, y comenzó a utilizar esa energía en su tarea habitual de visitas a los enfermos, en especial, a niños y a personas de edad avanzada; asimismo, interactuó con enfermos terminales.

De pronto, la misma actividad realizada durante muchos años adquiere un nuevo matiz: pudo ayudar mejor con su nueva actitud y con sus capacidades a profundizar en los tiempos venideros. Las visitas a pacientes enfermos de los hospitales fueron en ese momento algo que realmente la satisfizo y si bien es cierto que ella no podía explicar lo de sus capacidades a los pacientes, las relaciones humanas generadas se consolidaban de una manera más fácil y rápida, lo cual llamó la atención a los empleados de las instituciones de salud, que veían y sentían algo muy especial por ella aunque no sabían ciertamente qué era.

A nivel del trato común con las personas, comenzó a observar, luego del desarrollo de la lectura de auras humanas, que la proximidad con ellas y un diálogo breve le permitían saber si cada una tendría con la protagonista una compatibilidad de caracteres y de actitud. Ella pudo desde ese momento y en pocos instantes leer y distinguir del resto de otras posibilidades una actitud clara, luminosa y positiva en el ser que observaba. Eso le permitía integrarse rápidamente a una conversación con gente desconocida, y también saber cuándo habría grandes dificultades, debido a una actitud de resentimiento, odio y negatividad de algunos de los presentes en la reunión. En estos casos, trataba de alejarse enseguida de ellos para que no la lesionaran. Por un lado, entonces, la capacidad adquirida le ayudaba y le permitía leer mejor y más lejos a la distancia; por otro lado, trataba de cuidar su hipersensibilidad frente a los hechos y a las personas. Entre ambos caminos, la búsqueda constante de su equilibrio y la ayuda al más necesitado fueron siempre sus prioridades.

La visualización de situaciones

En este tiempo que hemos dado en llamar "período del cuello de botella" se dieron muchos cambios en su vida, cambios que en general conducían a nuevas capacidades que se instalaban y luego desplegaban, y que se ha comentado varias veces en este libro. Una de estas fue la de visualizar a personas cercanas con las que la protagonista tenía vínculos de alguna clase; se daba en situaciones, lugares o eventos específicos en los que veía a esas personas.

En esta oportunidad, se describe el aumento notable y el afianzamiento de la capacidad de visualizar a individuos con vínculos cercanos a ella, en un momento dado.

Una situación que se daba con frecuencia en este período era visualizar o saber que algunas personas con las que ella tenía vínculos familiares o afectivos no se encontraban en la población esperada en un momento dado, por ejemplo, por viajes imprevistos o no avisados, y también por otras circunstancias personales.

Ella sabía que, en ese momento, una de estas personas no estaba en el lugar supuesto o esperado, y aún podía percibir o visualizar si la distancia que la separaba de esa persona era pequeña o grande.

Esta situación era beneficiosa a veces, a los fines de saber si la persona visualizada estaba o no disponible, frente a la necesidad de su presencia, pero la angustiaba también en otras situaciones, cuando su desplazamiento podía suponer determinados riesgos innecesarios, por lo que se sentía responsable por ella.

La protagonista pensaba en ese entonces que tal vez si lo hubiera sabido antes, podría haberla advertido de tal o cual riesgo y con ello aliviar un poco su responsabilidad frente a lo imprevisto, o hacia aquello que podría eventualmente sucederle a ese individuo.

En situaciones que ha registrado, le fue posible saber que algunos seres de vínculo cercano, como familiares o personas que tenían una relación afectiva con ella, se encontraban en un lugar específico, que también ella había visitado.

Tal es el caso de lugares religiosos como templos, iglesias, monumentos y sitios históricos, y los cementerios donde descansaban los restos de personas, con las cuales ella había tenido una vinculación familiar o afectiva.

Asimismo, esto le ocurrió en situaciones muy puntuales, en las que pudo visualizar hechos o eventos por medio de otro individuo que había escuchado el relato o visto la imagen, fuera por la radio o por la televisión, o por lo que otro individuo había observado en el lugar de los hechos. Esto fue algo que al principio la perturbó bastante, ya que no podía entender todavía cómo funcionaba.

Como en otras situaciones anteriores ya descriptas, recurría a la prensa oral, escrita o televisiva para comprobar lo ocurrido, siempre y cuando se tratase de hechos de conocimiento público y que podían ser comprobados.

De los hechos que no podían ser comprobados casi siempre le llegaba, de alguna manera y con algún tiempo de transcurridos estos, la comprobación formal correspondiente.

Al igual que en otras situaciones, luego de afianzada su capacidad, ya no fue necesario seguir comprobando los eventos ocurridos. Cuando en algunas oportunidades se detenía a pensar en todas las capacidades legadas que se habían instalado y que luego se fueron incorporando a su vida, no dejaba nunca de maravillarse frente a estos dones recibidos del Creador. Pensaba también en la compañía de su guía espiritual, a la cual siempre escucha cuando le habla, pero a la que no le pide ni le pregunta, por una cuestión de tácito respeto entre ambas.

No deja de pensar en la enorme responsabilidad que tiene y en el delicado equilibrio que siempre deberá lograr para usar estas capacidades solo para la realización del bien; sabe que es un trabajo de tiempo completo, de por vida y consagrado al servicio del Poder de la Luz.

En sus largas noches de actividad en el servicio de acompañar, no deja nunca de pensar en la sutil combinación que debe lograr entre el servicio espiritual al cual está consagrada todo el tiempo y las necesidades cotidianas de la supervivencia, que a veces la agobian.

Cuando esto ocurre, casi siempre su guía espiritual está a su lado con un mensaje alentador, equilibrado y firme, tomándole el hombro derecho y diciéndole que debe seguir, que para ello la han elegido, que la misión que tiene ahora que realizar es y será más importante aún. Entonces, la rueda se pone nuevamente en movimiento y vuelve a girar, al principio lentamente y luego a la velocidad necesaria, según la situación lo marca.

La experiencia de los carozos y los ángeles

En estos meses del cuello de botella, se presentaron experiencias maravillosas así como atemorizantes, que le confirmaron que el rumbo elegido era el correcto, y los mensajes recibidos le dieron el apoyo y la bondad que necesitaba.

La experiencia que ella quiere relatar ahora se desarrolló en una iglesia, al mismo tiempo en que se realizaba un bautismo;

es uno de los ejemplos que llenaron de alegría y de felicidad su vida, por el contenido del mensaje y por lo reconfortante de las imágenes recibidas en el templo donde sucedió.

Ocurrió que, durante un viaje y en una estadía con sus familiares maternos, recibió la invitación para asistir a una hermosa ceremonia de bautismo. Mientras esta se desarrollaba, tuvo una visión con respecto al sacerdote que realizaba la ceremonia, que ella disfrutó mucho.

Al finalizar el bautismo, cada participante volvió a su hogar, con la satisfacción personal que la ceremonia le había brindado. Días después, le llegaron imágenes que se relacionaban con ese templo y el sacerdote en cuestión.

En ellas pudo ver al sacerdote que estaba ofreciendo a los asistentes en la iglesia la oportunidad de elegir objetos que él tenía en una bolsa que sujetaba. Las personas elegían de ella un objeto que parecía ser un carozo de durazno, pero de color negro. Cuando la bolsa llegó a ella, tanto el sacerdote como ella hicieron un ademán: él, de entregarle uno de los objetos, y ella de tomarlo; pero el intercambio no se produjo, él no le entregó nada y siguió su paso con los demás feligreses.

Luego de algunos instantes, sin meter su mano en la bolsa y dirigiendo su mirada hacia ella, abrió su mano y apareció un carozo de durazno de color blanco inmaculado, que luego se abrió y que contenía muchos otros objetos preciados; el sacerdote se lo ofreció, sosteniendo siempre con la otra mano la bolsa cerrada con los demás objetos destinados al resto de los presentes.

Mientras este episodio ocurría y fuera de la mirada del sacerdote, tres ángeles niños jugaban haciendo piruetas en el aire dentro del templo, pasando un trapo de gamuza a las estatuas de granito que representaban ángeles, en las columnas de la iglesia. Al mismo tiempo, alternaban jugando y tocándole la cabeza a la protagonista, en un típico juego de niños pequeños y traviesos.

Esta experiencia la serena cuando la recuerda en sus días de perturbación, puede leer el doble mensaje presentado: por un lado, vio una nueva prueba para ella, en el duro camino de hacer el bien sin sucumbir a las tentaciones; por el otro, los ángeles niños le dan paz y la reconfortan en los momentos difíciles del proceso de aprendizaje que le toca vivir.

También piensa en la relación de esta experiencia tan agradable con aquella otra, en la cual se atragantó comiendo un durazno. Por eso cree que los objetos redondeados de color son corazones de duraznos, y sonríe al entender el vínculo entre los dos episodios.

Su vida en ese momento era una sucesión de experiencias relevantes, que a veces pasaban demasiado rápido para su forma de ser o por lo menos para lo que era su forma de ser.

Los esperados avisos

En esta época de tantos mensajes recibidos, a lo largo de todas las horas del día, en especial de las noches, ella esperaba y deseaba la aparición de mensajes positivos desde hacía ya algún tiempo.

Ocurrió que en un día determinado fijó la fecha para visitar la casa de sus padres, como era su hábito periódico. La víspera recibió un mensaje espiritual en el cual se le pidió que no viajara, como estaba planeado. Esto le causó desazón, porque ya tenía todo previsto. Sin embargo, la sugerencia fue firme e inequívoca, así que aceptó la directiva de cancelarlo.

Al día siguiente, cuando se suponía que tendría que estar viajando, una imprevista lluvia imposibilitó el paso de todo transporte, pues el camino por recorrer era de tierra. La lluvia, como siempre, la puso de buen humor, y siguió entonces con sus actividades cotidianas, dejando registrado el hecho en su memoria con todos sus detalles.

Algo que siempre quiso hacer, luego de la muerte de su esposo, era "verlo" por última vez para preguntarle si estaba bien en el mundo espiritual, pero nunca había sido posible, hasta ese momento. Sus pares le habían recomendado que no buscara la posibilidad mencionada; no obstante, había persistido en esa búsqueda porque era importante para ella.

Un día, mientras estaba en la cama, comenzó a escuchar música, una melodía que les era muy conocida a su esposo y a ella, de otros tiempos y de situaciones vividas. En ese momento, pensó que podía provenir de las casas vecinas a la suya, pero comprobó enseguida que no era así. Pensó que podía sonar en su casa y que alguno de sus familiares la podría estar escuchando, pero también descartó eso.

Luego, se aclaró su pensamiento y la escuchó solamente de un oído, el derecho; recordó entonces en ese momento que era una de las canciones melódicas preferidas de su esposo, la siguió escuchando y lloró por ese motivo.

Imaginó entonces que era un mensaje de su esposo, desde el mundo de los espíritus. Ella cree con vehemencia que él no pudo enviarle una imagen visual, pero logró enviarle un mensaje musical, haciendo que se concretara su anhelo en una melodía que ella conociera. Esta melodía le produjo un abrazo en el corazón, y lloró, lloró por el ser amado que se había ido y que la había dejado sola frente al mundo real que cada día le cuesta más trabajo aceptar, con la nueva sensibilidad que tiene ahora, y en el que casi todo lo que ocurre la afecta.

La experiencia de autosanación

Una de las experiencias más aleccionadoras de su vida en el período del cuello de botella fue sin lugar a dudas la primera experiencia de autosanación.

Era una idea que ella quería experimentar, que estaba en la lista de espera de sus actividades desde hacía mucho tiempo, que por algún motivo no se decidía a poner en práctica, pero que ocurrió en ese momento. De improviso, se despertó en su cuerpo una de las afecciones de piel que son tan comunes para ella, aunque en este caso en particular, los días pasaban y, aun con tratamientos médicos, no cedían las molestias que le ocasionaba.

Un día, cuando las molestias habían superado ya su tolerancia a la situación, se decidió a experimentar la sanación con ella misma, realizando un procedimiento ideado por su propia creatividad e inexperiencia para la tarea, que consistió esencialmente en una manera muy respetuosa de pedirle al Creador que la librara de esas molestias, con la mayor vocación sanadora que le fue posible imaginar.

Ocurrió entonces que, luego de un breve tiempo de haber realizado el pedido, logró que las afecciones de piel que la molestaban desaparecieran de su cuerpo.

Casi para la misma época, en sus momentos de diálogo y observación con los seres afectivamente cercanos a su persona, logró incorporar a sus capacidades instaladas la visión externa de las auras, conocida capa de energía corporal que recubre a todo ser viviente. Hacía tiempo que ella practicaba en su vida de relación la visión interna corporal de las auras.

Sucedió de una manera repentina, y comprobó en ese momento lo que algunos de sus pares describen como la "capacidad para observar", en la instancia de conocer a nuevas personas.

Ella pensó de inmediato que esa manifestación del alma, del espíritu o del yo de cada individuo, le serviría como pista para enfocar la nueva capacidad que había recibido, la de ayudar a sanar a las personas en el plano espiritual, siempre que ellas se lo solicitaran, cumpliendo así con su tarea asignada.

Esta experiencia fue el primer escalón hacia una meta deseada, que sería la sanación espiritual de personas. Fue una situación distinta a partir de la cual se comenzó a tranquilizar, en el sentido de que se dio cuenta de que iba en la dirección que siempre había querido. Sabe en lo profundo de su ser que es un camino largo y está dispuesta a recorrerlo hasta el destino prefijado por Dios.

Capítulo 7. La aceptación de las capacidades

En el capítulo séptimo se describe de una manera simple y directa cómo logra atemorizar a la protagonista el despliegue de las nuevas capacidades adquiridas. Pensando de tanto en tanto lo difícil que puede llegar a ser la aceptación definitiva de las capacidades recibidas.

Los hechos descriptos en este capítulo son cuatro y están presentados con los siguientes títulos:
-Su presencia espiritual en una reunión
-Encuentros con personas supuestamente conocidas
-Predicción de viajes y seguimiento de personas
-La difícil aceptación de las capacidades

Su presencia espiritual en una reunión

En este período de grandes transformaciones de su vida, hubo circunstancias que la situaron al borde de la desolación y de la locura; la primera de esta clase que ha vivido fue realmente fuerte y la perturbó.

En esta oportunidad fue su presencia espiritual en una reunión de individuos que ella conocía, con una relativa cercanía personal. Ella estaba en mi hogar realizando tareas cotidianas, y de pronto se encontró presenciando una reunión en la cual dos hermanas discutían acaloradamente por la pertenencia de ciertos bienes materiales, que eran producto sin duda del trabajo tesonero y sacrificado de sus predecesores; es decir, de la primera generación ascendente, pero por sobre todo de la segunda generación, camino hacia las raíces de estas dos personas de la misma sangre familiar.

Una tercera persona, el esposo de una de las dos hermanas que discutían, presenciaba la acalorada reunión, sin intervenir en ella. Al finalizar esta, una de las dos hermanas le entrega a la otra una considerable suma de dinero. La situación prometía enemistad entre ambas, por mucho tiempo. Ella supo que una parte de ese dinero sería usado para hacer el mal, y eso realmente la perturbó.

En relación con este episodio, ella observó nuevos cambios en las manifestaciones de su cuerpo a partir de ese momento, especialmente, con posterioridad a los períodos de transferencias nocturnas. Registró, por ejemplo, frío corporal luego de un evento catastrófico en áreas geográficas nevadas. Este frío corporal se instaló en su cuerpo por algunas horas posteriores a las transferencias mencionadas; en estos casos, sentía necesidad de un abrigo que podía resultar exagerado para la época del año o la situación, sensación que luego desaparecía sin razón física justificada.

Con otras perspectivas y casi para el mismo tiempo, tuvo una nueva presencia espiritual en una reunión; esta vez, era una reunión de cinco jóvenes, cuatro varones y una mujer. En ella, todos se encontraban conversando agradablemente y realizando su tarea como vendedores de artesanías. Hasta ese momento, estuvo tranquila, ya que no vislumbraba ninguna situación de riesgo; no obstante, se quedó pensativa luego de la visión, porque no llegaba a entender cuál había sido el propósito de su presencia en el lugar y en la situación planteada. Solo supo que la persona con la cual se sintió ligada espiritualmente fue la mujer del grupo descripto.

Estos nuevos despliegues de sus capacidades con inclinación a lo positivo y a lo preventivo le hicieron pensar que estas poco a poco se iban perfilando hacia el campo de lo que ella esperaba: el de la utilización de las capacidades para la prevención de riesgos y para realizar actividades de sanación, dirigidas especialmente a los seres humanos no protegidos.

Hay un pensamiento en su vida, que vuelve con frecuencia a su mente y que se refleja a veces en algunos de eventos: el difícil equilibrio que debe alcanzar, así como la constante batalla entre las acciones tendientes a lograr el bien y a evitar el mal que le toca vivir.

Como persona de profunda fe, está convencida de que el bien siempre triunfa, aunque también reconoce que tiene momentos de debilidad en los que duda de la eterna supremacía del bien, es decir, de que el bien triunfe en todos los eventos de nuestra vida terrenal.

Encuentros con personas supuestamente conocidas

Junto a las vivencias descriptas, nuevas situaciones se presentaron también en esta época del cuello de botella; entre otras, los encuentros con personas que ella jamás había visto. Sin embargo, algo en la presencia espiritual o física de esas personas le hacía pensar que se trataba de seres que le resultaban por demás familiares, que le parecían conocidos de algún tiempo atrás.

El primero de estos eventos ocurrió en su pueblo natal, cuando se encontró con un matrimonio al que creía conocer y al que suponía que era de una población vecina. Ellos la veían también, con toda certeza, como a una persona muy conocida para ellos.

Se detuvo entonces a explicarles que no era la persona que ellos creían; la pareja no podía aceptarlo, y continuaron realizando preguntas relacionadas con otros tiempos y lugares, que ella ciertamente no conocía. Finalmente, ambos aceptaron que ella no era la persona que ellos creían que era; entonces se saludaron cordialmente en la despedida.

La segunda situación similar a la anterior ocurrió en una gran ciudad, cuando ella estaba caminando por su zona más antigua. Se encontró en un momento en el área destinada a los peatones, con un señor que por su presencia física en especial, por sus ojos y también por su espiritualidad, sintió que conocía. Cada uno presintió que conocía al otro, sin embargo ninguno de los dos se detuvo a saludar al otro, ni tampoco para iniciar una conversación como se suponía que ocurriría.

Sintió que el señor encontrado en el camino era una persona conocida de otro tiempo y de otro lugar, aunque no pudo deducir de dónde se originaba ese conocimiento previo. En esa oportunidad, no lograron hablarse, pero ella sabe que hubo alguna clase de relación en otro tiempo con ese ser.

La protagonista ha reflexionado una y otra vez sobre lo acontecido y no pudo encontrar otra explicación que no sea que sus almas estuvieron relacionadas entre sí con anterioridad al tiempo de los eventos descriptos, y que en esta última situación pudieron reconocerse nuevamente.

Cada vez que da un nuevo paso en este camino nuevo e inexplorado, no deja de maravillarse en torno a las cosas que estuvo aprendiendo, en esos meses duros y exigentes del cuello de botella. Piensa en lo mucho que aprenderá en el futuro, cuando logre calmar su agitación interna, que no llega todavía gobernar. Está segura de que en un futuro cercano, podrá disfrutar mejor los conocimientos que su alma escribe día a día. Por ese tiempo, lo hizo a un ritmo de escritura que ahora simulaba una catarata; tal vez, en el mañana lo haga a otro ritmo de transferencias de conocimientos, que se asemeje más a una continuada y agradable brisa, sin sobresaltos.

Sus días, a veces tumultuosos y sin aparentes objetivos, la maravillan de tanto en tanto con el obsequio de un final de jornada apacible. Se siente muy sola, pero con una fe inconmovible hacia el Creador, hacia la Virgen Madre, hacia su hijo Jesucristo y también hacia su inseparable guía espiritual en esta vida.

Predicción de viajes y seguimiento de personas

Una de las capacidades que comenzó a instalarse en su persona, durante el tiempo del cuello de botella, fue también la de predecir los viajes de las personas que tenían cierta relación con ella; en general, con las que existía afecto, y también con aquellas por las que ella sentía cierta aprensión. Con estas, de hecho, debió tener cuidado en el manejo del vínculo humano.

Comenzó a experimentar estas situaciones con una persona perteneciente al segundo grupo descripto, sabiendo de antemano cuándo iba a viajar y también si el viaje era hacia un lugar cercano o alejado de donde ella estaba.

Los resultados de las percepciones pudieron ser comprobados luego por otras vías y se presentaban casi con exactitud en cada situación; únicamente en algunas oportunidades se pudieron observar ciertas diferencias muy sutiles, solo en algún detalle.

En cuanto a la predicción de viajes con las personas del primer grupo, se manifestó con posterioridad que se trataba en general de individuos con los cuales ella mantenía una relación afectiva; por ejemplo, pudo predecir cuándo viajarían, hacia dónde irían en su viaje y también, en algunos casos, el tiempo aproximado de permanencia en el lugar, casi con exactitud.

El seguimiento de personas que iban a realizar un viaje estaba sujeto asimismo a la clase de relación humana existente hasta el momento entre la persona considerada y ella. Estas situaciones, a veces y en una primera instancia, la tranquilizaban, porque sentía y visualizaba al ser ligado de alguna forma a ella. En otras circunstancias, le aportaban angustia y tristeza, porque entendía que estaba siguiendo a seres que realmente la disgustaban.

Esta nueva herramienta de predicción y seguimiento fue solo apta para utilizar con ciertas y determinadas personas. Le abrió nuevas posibilidades, en cuanto a que su utilización podía ayudar por un lado a saber cuándo se desplazaría alguien de un lugar geográfico a otro y cuál sería el destino final del viaje. Por el otro, el seguimiento permitía ayudar a aclarar las vicisitudes de una persona a lo largo del viaje, contribuyendo a veces a solucionar inconvenientes del trayecto.

Como su objetivo es siempre hacer lo posible por ayudar, acompañando, no deja de maravillarse de las oportunidades que le brindan estas capacidades que Dios le dio en esta vida, para usarlas en la realización del bien.

La difícil aceptación de las capacidades

Hay un tema que ha sido el eje en los cambios experimentados en su vida, en el momento de la iniciación y del nuevo despertar de sus capacidades especiales. Ese tema ha sido la dificultad que ella ha tenido como persona para aceptar las capacidades que Dios le dio.

Siempre se ha preguntado, desde un comienzo de este proceso de transformaciones, si fue necesario que ocurriera el fallecimiento de su esposo para que empezara el nuevo despertar y se pusieran en marcha todos los mecanismos, tal cual sucedió.

Luego de mucho tiempo de reflexión, piensa que sí, ya que no estaban dadas las condiciones con anterioridad al hecho para que pudiera comenzar con todas las transformaciones que cambiaron para siempre su vida. A veces, piensa que no podría haberlo hecho en aquellos tiempos y no podría tampoco haberlo realizado sin la ayuda de su guía espiritual.

Este difícil trabajo de ser la unión entre los dos mundos, el de los espíritus y el mundo real en el que ella vive, es un trabajo con dedicación exclusiva y a tiempo completo, que deja fuera casi toda otra posibilidad laboral formal, debido, entre otras cosas, a los especiales ritmos de horarios que tomó su cuerpo, tan diferentes a los del mundo real.

Se ha planteado, y aún se lo plantea a veces, una resistencia a aceptar las capacidades que le fueron entregadas. En algunos momentos, quiere volver a ser la persona simple que fue, con una vida común, un hogar y personas que entiendan lo que dice y también lo que hace.

Luego de los cambios y después de resistirse mucho a estos, para adaptarse a la nueva realidad comenzó a aceptar que su vida ya no sería la misma, ni sus hábitos, ni sus horarios, ni sus amistades, ni su actitud frente a las personas, ni su nivel de sufrimientos.

Su vida ya se encaminó hacia un nuevo propósito, y su crecimiento espiritual no se detendrá nunca. Se seguirá construyendo con nuevas experiencias y compromisos, con los eventos con los cuales se relaciona. Eso conlleva un aumento de sensibilidad y el indeseable sentimiento de soledad que a veces la desequilibra.

El hecho irreversible de que ella pueda ver lo que no quiere ver o presentir lo que no quiere presentir mediante sus capacidades especiales la coloca en un plano que le permite ver más lejos, escuchar más finamente, sentir más profundamente, palpar con más sensibilidad, saborear con otros gustos. Esto aporta muchas ventajas a su vida, pero también sufre con mayor intensidad la injusticia, la crueldad, el olvido y la maldad de las personas.

Cuando esto la sobrepasa, quiere volver a su antigua vida, aun sabiendo que ya no es posible. Todavía no está del todo convencida de cuál será su futuro, qué hará para poder sobrellevar los cambios que su crecimiento impone, y teme por la disponibilidad de su cuerpo para resistir todos estos cambios.

El proceso de transformación de su ser sigue adelante, a veces sin prisa, pero sin pausa, al ritmo que su alma le impone. Esta sigue escribiendo la historia que le tocará vivir, y de ella dependerá observar, aprender y encontrar el propósito de las capacidades recibidas.

En la medida en que ella acepte más rápido sus capacidades, sabe que podrá entenderlas mejor y usarlas para hacer el bien con todas las personas, en especial con aquellas que la necesitan en su momento. En el futuro mediato, está segura de que cuando pueda disponer de cierta tranquilidad, podrá hasta distraerse o disfrutar del desafío que supone la utilización de sus capacidades en buenas obras.

Capítulo 8. Su guía espiritual

En el capítulo octavo se trata de explicar de una manera muy simple y comprensible la relación espiritual entre la protagonista y su espíritu guía, que es según su propia expresión: su compañera incondicional y su maestra. También cómo se desarrolla su comunicación con el mundo espiritual, igualmente difícil de explicar a los señores lectores.

Los hechos descriptos es este capítulo son cinco y están presentados con los siguientes títulos:
-Su guía espiritual
-La visión de nuestra sociedad actual
-Eventos enunciativos de sanación
-Reflexiones de la Semana Santa
-Los llamados espirituales

Su guía espiritual

Desde el año que ocurrió la primera manifestación de su guía espiritual, ella ha estado siempre a su lado, manifestándose cuando fue necesario. Ha sido y es su compañera, maestra y guía; a veces con mensajes imperativos, a veces con sugerencias inteligentes, a veces con consejos, y la mayor parte del tiempo, como una compañía silente.

La comunicación ha sido hasta el momento en un solo sentido, de ella hacia la protagonista, y siempre muy oportuna. En los momentos en que se derrumbaba, el apoyo de su guía espiritual estaba allí, conteniéndola y estimulando su tarea, que es compleja y muy importante, como enlace entre los dos mundos.

En algunas oportunidades, cuando duda si está haciendo bien su labor, su guía le confirma que la hace correctamente y que debe continuar, aunque sin dudas el trabajo de acompañamiento es complejo, a veces agota su cuerpo, y la mayoría de los acompañados la dejan muy triste al volver a su estado consciente.

Las imágenes a futuro o prospectivas tomaron en esta época una significativa preponderancia. Los hechos registrados antes como premoniciones comienzan ahora a ocurrir. Uno de ellos fue el evento del mate: un objeto comprado con anterioridad, usado como recipiente para beber infusiones calientes o tibias y que en la visión registraba una situación familiar determinada como evento del futuro; se cumple en una nueva visión comparativa, que pone en evidencia detalles que otrora no se entendían en su contexto.

Otro de ellos es el registrado con un miembro de su familia en su segunda generación descendente, visión que se había presentado cuando la persona considerada era una niña pequeña, en los años su niñez.

Estos eventos fortalecieron su crecimiento evolutivo, y ella asumió las capacidades especiales. Ahora piensa que estas servirán en el futuro, para ser más útil a su comunidad. Pero a veces piensa también hasta dónde se extenderán estas capacidades, cuán complejas devendrán con los años y cómo será su vida cotidiana para ese entonces.

Luego piensa en Dios, en la tarea que le ha encomendado y que seguramente la cuidará, para que su vida no se desequilibre y no tome un camino que sea inconveniente para el propósito que le tiene preparado.

También piensa casi de manera permanente en su guía espiritual, que la acompañará siempre a lo largo de este paso por la Tierra. Quizás además lo haga en la etapa siguiente de su crecimiento espiritual, y eso la tranquiliza.

Finalmente, piensa asimismo en sus familiares y en las personas muy cercanas en los afectos, a quienes no les puede contar de sus capacidades especiales, pues no lo entenderían.

Está a veces tentada de iniciar la otra mitad de la comunicación, con su guía espiritual, tratando de generarle sus primeras preguntas, pero el respeto y la consideración por ella son todavía tan profundos e insondables, que no se anima a dar el primer paso que significa generar su primera pregunta.

La visión de nuestra sociedad actual

En su vida, siempre ha estado presente la relación entre los acontecimientos religiosos y la sociedad de hoy con sus integrantes.

Piensa que las personas de hoy son demasiado ambiciosas y se olvidan con frecuencia de los preceptos religiosos y de lo que Dios espera de cada uno.

Solo cuando necesitamos algo, o no nos encontramos bien de salud o en nuestra vida de relación, entonces acudimos a Él en busca de ayuda. Cuando nuestra vida transcurre sin problemas, no vamos a los templos religiosos para agradecer por lo que recibimos. Hoy vivimos en una sociedad que nos condiciona a consumir, y los festejos religiosos se olvidan con demasiada celeridad.

De igual manera, ella cree que vivimos un tiempo sin compromisos con nuestros semejantes en la vida cotidiana, olvidando los deberes religiosos o el diálogo de todos los días con Dios.

Los tiempos de descanso y de esparcimiento sobrepasan lo esperado, y ocupan a veces e invaden otras los espacios de nuestras vidas destinados a la reflexión, así como el tiempo que deberíamos dedicar a la religiosidad.

También recuerda que en los momentos de su mayor desazón, su guía espiritual manifestó su apoyo a su dedicación en el accionar diario, al cual le consagra toda su convicción, pero sin saber si lo hace bien. Ella se reveló en una visión como una esfera luminosa muy azul, rodeada por una pequeña banda blanca con mucha luz en su totalidad.

Pudo imaginar que era su guía espiritual a la que todavía no ha visto, que tiene en la palma de su mano esa luz azul con un efecto sanador, que le brinda la tranquilidad que a veces necesita. También necesita saber con frecuencia si está haciendo bien su tarea y si debe seguir adelante.

Ella sabe en lo profundo de su ser que todavía tiene mucho que aprender y por sobre todo, aprender a dar, pero está convencida de que, con el apoyo de su guía espiritual y el inefable paso del tiempo, lo podrá lograr en un futuro cercano para servir mejor a sus semejantes.

Eventos enunciativos de sanación

Su vida estuvo signada por muchos eventos que anunciaban que algún día sería una sanadora espiritual conocida. Uno de ellos ocurrió en el transcurso de una Semana Santa.

Ha pensado a veces que el lugar donde ha vivido su vida adulta se ha convertido ahora en tiempos de Semana Santa, esos tiempos de religiosidad manifiesta y de introspección, en el pasatiempo obligado de vacaciones y de ostentación de quienes poseen mayores recursos económicos. Ella atribuía eso en parte a que los gobiernos de turno no hacían ningún esfuerzo para que los hábitos sociales, instalados otrora con un sentido religioso, volvieran a su cauce para lograr lo que tanto necesitamos, que es una nueva oportunidad de comunicación con Dios.

Ocurrió entonces para el mencionado tiempo que una mañana, antes de dedicarse a sus actividades hogareñas y en su estado de catalepsia habitual que tanto le costó incorporar a su vida, vio y escuchó a tres ángeles niños que, a una distancia próxima de una reunión de su familia, comenzaron a jugar a su alrededor, bailando entre ellos y a la vez con ella.

Uno de ellos, el más pícaro, tenía en su mano una esfera de color azul, envuelta por un anillo blanco. Con la esfera bailaba y jugaba con sus dos compañeros y, de vez en cuando, se la ofrecía sin dársela.

En otros momentos, el mismo poseedor de la esfera azul la escondía detrás de su espalda, sosteniéndola con las manos. Esto le producía mucha risa, ya que lo que ella veía en ese momento era que a pesar de que el pícaro le escondía la esfera con la que jugaba, la luz se observaba mediante su imagen, es decir, traslucía sin que el ángel niño se percatara de ello.

Ese día ella rebosaba de alegría por el mensaje recibido, ya que hacía tiempo que observaba esa esfera, que giraba a veces en lugares próximos a donde ella estaba, pero hasta entonces no había podido imaginar el significado de ese objeto para su vida.

A partir de ese momento y aunque los meses del cuello de botella transcurrían, entendió que la parte más exigente de este período comenzaba a cambiar y que en el futuro cercano se iniciaría otro tiempo para ella, en el cual continuarían la instalación y el despliegue de nuevas capacidades especiales, pero donde el proceso sería menos exigente para su cuerpo y más agradable para su ser.

En este tiempo de Semana Santa, dedujo que el mensaje recibido tenía dos significados, uno de los cuales fue el descripto: su crecimiento continuaría ahora a otro ritmo, menos exigente para ella y se vería como en oleadas de conocimientos.

El otro de los mensajes era la confirmación de que una de las actividades que tendría que realizar en el futuro, para beneficio de sus semejantes y utilizando las capacidades que Dios le había otorgado, sería la de sanación espiritual.

Esto la alegró profundamente, ya que desde su niñez, por su curiosidad y su vocación, tenía intenciones manifiestas de querer sanar a sus semejantes. Como no pudo hacerlo por la vía universitaria, ahora Dios le daba en esta vida terrenal la oportunidad de sanar espiritualmente a otros seres humanos.

Eso reforzaba su relación con sus semejantes, integrando las tres capacidades de los humanos que naturalmente les permiten crecer: la tendencia religiosa, la tendencia social y la tendencia creadora con las personas.

Aún sin saber cómo será la forma en que esta capacidad se ejercerá, le agradece todos los días a Dios por darle la oportunidad que tanto esperaba, y también a su guía espiritual, por acompañarla en todo este crecimiento con sugerencias, consejos y su apoyo incondicional.

Reflexiones de la Semana Santa

La Semana Santa fue desde niña para ella un tiempo triste y melancólico en su vida. Quizás porque estuvo influenciada por algunas facetas de la existencia, que convergieron de esa forma para que fuese de esa manera. Los avatares de su difícil niñez, su adolescencia plena de situaciones no entendidas y su adultez con prematuras responsabilidades contribuyeron también en ese sentido. El nuevo despertar y el obsequio de sus capacidades especiales no cambiaron sustancialmente sus sentimientos al respecto, sigue pensando que el mundo materialista de este tiempo es un despliegue eufórico de necesidades fabricadas por los mecanismos actuales de la comunicación, que condicionan a las personas al consumismo. A veces este no se puede satisfacerse, y con frecuencia, se olvida el camino que conduce a Dios, dedicando gran parte del tiempo a dar curso a las propias apetencias, olvidando el camino de unión entre las personas pregonado y mostrado por Jesucristo. Las brechas entre los poderosos y los desprotegidos se siguen ensanchando, y en verdad, eso la entristece y la acongoja. Ella imagina un camino distinto de conciliación entre los pueblos y se da cuenta de que la realidad actual se aleja de su forma de pensar. Por lo pronto, los accidentes, las catástrofes naturales, las guerras en diferentes lugares del planeta y la incomprensión entre las personas son manifestaciones inequívocas de los caminos errados que estamos eligiendo los seres humanos. En esos días su oración es casi constante, pero no parece suficiente para aliviar el dolor de su alma.

Los llamados espirituales
Durante los meses del cuello de botella, hubo capacidades que se instalaron en su persona y se fueron afianzando rápidamente. Una de ellas fue la capacidad para recibir los llamados que le hacían aquellas almas con necesidad de comunicarse con ella.

En un principio, estos hechos le generaban miedo, perturbación e incomodidad, ya que ella no sabía cómo proceder. Las voces que recibía en ese momento se traducían en un solo llamado que la sobresaltaban en el mundo real, porque al escucharlas se daba vuelta girando su cuerpo y buscaba a la persona que supuestamente la estaba llamando a sus espaldas, pero no encontraba a nadie.

Con el tiempo, la incomodidad que le producía se fue superando, y entonces entendió que se trataba de llamados espirituales. Esto ocurría en cualquier lugar y circunstancia, a veces en medio de otras personas, otras veces en sitios alejados de las poblaciones, caminando, o en los medios de transporte en los cuales ella viajaba; dondequiera que estuviese, escuchaba los llamados. Al principio, de una manera no personalizada, y luego, por su nombre, lo que convertía al llamado en inequívoco.

En esas situaciones en que se producían los llamados por su nombre, casi siempre se preocupaba, pues no sabía si el espíritu que ella debía ayudar tenía que ver con un hecho que ya había ocurrido, o si era un anticipo o predicción de lo que debía esperar en el tiempo futuro.

Ella piensa que a todas las personas nos llaman alguna vez los espíritus, que tienen necesidad de comunicarse con nosotros; solo que algunas poseen las capacidades adecuadas para escuchar o recibir los llamados o mensajes; esas voces son suaves en algunos momentos y firmes en otros. Ella cree que se pueden escuchar, cuando se "está siempre atenta" y predispuesta a que estos eventos ocurran.

Aunque todavía no ve imágenes de esos espíritus, ella quisiera poder verlas en el futuro, a los fines de poder ayudar mejor al propósito del legado de Dios, siempre que cuente con la ayuda constante e incondicional de su guía espiritual. Tal vez en un futuro no lejano su visión espiritual asistida sea posible.

Capítulo 9. La planta sagrada

En este capítulo noveno, se describe la búsqueda febril y perseverante de ciertas respuestas que la protagonista necesitaba encontrar. En ese camino, ocurren algunos cambios en su vida, que ella trataba y aún trata de asimilar.

Los eventos descriptos en este capítulo son cuatro, y están presentados con los siguientes títulos:
-El mensaje del volcán y los ciclones
-La visita esperada
-La planta sagrada
-Las visiones prospectivas de su ser

Los mensajes del volcán y los ciclones

Hacia el final del período de tiempo que se ha descripto con el nombre de "los meses del cuello de botella", algunos de los eventos más extraordinarios fueron los mensajes o las transferencias recibidas casi simultáneamente, referentes a volcanes y a ciclones en los tiempos en que ella realizaba la búsqueda ilustrativa y educativa de cierta planta con capacidades curativas, en áreas geográficas ubicadas en el norte del continente americano.

Casi paradójicamente, la búsqueda y la revisión bibliográfica de esta planta originaria del norte de América la llevaron a confirmar que, en la actualidad, ya se estaban estudiando propiedades de algunos de sus componentes, que en el futuro tal vez llevarán a utilizarla en el tratamiento y en la curación de algunas enfermedades.

Lo concreto y real es que esta planta creció originariamente y se la cultiva hoy en día en áreas geográficas que fueron y son lechos de tierras que rodean a volcanes. O sea que una de las características de esta planta es la de crecer en estos lechos volcánicos o en tierras circundantes.

Para la misma época de su investigación bibliográfica, entró en actividad un volcán cerca de los límites de su país, hecho que no ocurría desde hacía casi dos siglos en ese lugar. Más allá de la situación real de la catástrofe, con evacuaciones de personas, ella imaginó que era un mensaje personal, cuyo significado debía descubrir, como si fuera a unir las piezas de un rompecabezas.

Paralelamente, pero en el lado opuesto de nuestro querido planeta, ocurrían hechos acerca de los cuales ella había recibido transferencias e imágenes relacionadas con una gran catástrofe, en que miles de personas fueron encontradas sin vida o desaparecieron por el meteoro. Desde el mar con dirección hacia el continente, en un pequeño país de Asia, vientos de alta velocidad arrasaron con todo y a todos los que se ponían en su camino.

Estas situaciones de grandes catástrofes siempre la entristecen mucho, porque no puede hacer nada al respecto, o puede hacer menos de lo que ella quisiera. En circunstancias análogas, reza abriendo todo su corazón y le pide al Creador que reciba todas esas almas que inesperadamente deben subir para lograr el amparo de estar a su lado.

En los últimos tiempos, suele preguntarse a veces por qué muere tanta gente por diferentes motivos, como enfermedades, accidentes, catástrofes; o será que ella antes no "estaba tan atenta" y no se enteraba de lo que sucedía. Tal vez será que el Creador necesita más colaboradores en su proximidad, para llamar a tal cantidad de almas, aún no tiene la respuesta.

Lo cierto es que cuando mira su entorno, como en este tiempo, se siente cada día más triste por los seres queridos, los amigos y los conocidos que sin aviso previo deben viajar rápidamente hacia el mundo de los espíritus, dejándole un espacio de ausencia para el que no está preparada, aquí en el mundo de las personas.

Estas situaciones la dejan siempre pensando en cuál o cuáles serían las tareas que ella podría realizar cuando esos seres se van de una manera rápida e inesperada, para ayudar mejor como persona a la tarea creadora de Dios.

Por lo pronto, ella ya sabe de algunos trabajos que podrá realizar durante el tiempo que permanezca viviendo en este planeta como persona, y piensa realizarlos lo mejor que pueda, con la ayuda de su guía espiritual, de sus seres queridos y de sus amigos.

La visita esperada

Uno de los acontecimientos que la llenó de alegría y a la vez de congoja, en el final de la época del cuello de botella, fue la visita espiritual de su esposo a su casa de familia.

Desde su desaparición como persona, había querido verlo por última vez antes de que iniciara el largo camino espiritual de evolución, pero nunca lo había logrado. Había sentido su presencia en varias oportunidades en su casa, pero nunca había podido verlo. Le había pedido a Dios que la dejara verlo por última vez, pero no había ocurrido hasta ese momento.

Respecto de este tema, lo había conversado una y otra vez con los pares con quienes comparte esta difícil y compleja actividad. La respuesta de la mayoría de ellos fue que no debía buscar ni propiciar una situación como la deseada, la de un nuevo encuentro con su esposo; no obstante, de tanto en tanto sus pensamientos regresaban a esa idea, y volvía a intentarlo.

Aunque no consiguió su anhelo, el acontecimiento que se menciona a continuación es un avance con respecto a lo que le había ocurrido en otras situaciones.

En esa oportunidad, ella estaba durmiendo; de pronto se despertó y escuchó un diálogo entre una voz muy familiar dentro de su casa y su perro, que, dicho sea de paso, es un animal muy selectivo en cuanto a quienes tienen acceso a su hogar.

En el primer momento, se preocupó al escuchar este diálogo tan extraño entre la voz de una persona y el ladrido especial que tiene su perro con los muy allegados a ellos. El animal detectó la presencia de alguien, y en su lengua se manifestó como con un reclamo de ausencia a un viejo amigo de la casa.

La voz y el diálogo con el espíritu presente lograron tranquilizar luego de un rato al animal. Ella en ese momento no se levantó de la cama, solo se limitó a esperar para ver qué sucedía.

Después de un tiempo, el perro se sosegó y dejó de ladrar. La actitud del animal era la propia y compatible con la que otrora tenía con cierto habitante de la casa. Por las características del encuentro y por la reacción del animal, pensó en una sola situación posible, ya que allí no había nadie más que ella.

Luego de comprobar que ninguna de las puertas había sido abierta, solo pensó en el espíritu de su esposo, que se habría acercado a su casa para dialogar o para despedirse de su querido perro, un animal que llegó a sus vidas en un momento muy especial de la familia, cuando por razones de incomprensión juvenil, sus dos hijos mayores se habían alejado del hogar.

En aquella situación el mencionado animal tuvo un protagonismo singular en el acompañamiento de su esposo y de ella misma. Ahora su amo había ido a visitarlo, para despedirse de él y seguir su camino.

No era lo que ella anhelaba, pero fue un encuentro muy especial, en un momento particular por el que ella estaba pasando. La presencia espiritual de su esposo en la casa fue en esta oportunidad un hecho inequívoco para ella.

La planta sagrada

En ese tiempo tan especial y de tantas transformaciones en su vida, donde las nuevas capacidades pujaban por salir e instalarse, hubo un episodio que por su longitud en términos de número de transferencias recibidas, le llamó mucho la atención y la preocupó, por no poder deducir cuál era el mensaje que ella debía interpretar.

En principio, era algo llamativa la distancia que separaba el lugar de los hechos del lugar donde ella estaba, así como los modismos de la lengua que, aunque hispana en su origen, era muy diferente en el léxico actual de cada persona, correspondiente a distintos países.

La transferencia inicial describía y mostraba a un hombre hablando con una mujer, a la que le repetía una y otra vez la misma palabra: "¡Jimadora!, ¡¡¡jimadora!!!, ¡¡¡jimadora!!!", que es la expresión usada para nombrar a las personas que realizan la cosecha manual de ciertas plantas, utilizadas actualmente en la elaboración industrial de bebidas, fibras y otros productos requeridos por el hombre. Esta palabra, que tiene una acepción específica dentro de un país americano de lengua castellana, para ella no significaba nada.

La visión tenía lugar en un ambiente extraño, casi extraterreno, primitivo y agradable a la vez, en una vivienda humilde, rodeada de plantaciones de una especie también desconocida para ella, en algún lugar de México.

Para tratar de entender lo que pasaba y hallar algún tipo de explicaciones, la protagonista comenzó por ubicar la planta y el país, según la visión que ella tenía de la primera, tarea que le tomó bastante tiempo, ya que sólo tenía la imagen y debía compararla con las que aparecían en los libros o fotos de archivos de las redes de información de acceso libre.

Luego de algunas semanas, logró ubicar la planta buscada y el origen histórico. El nombre de la planta era "agave" o "maguey", pertenecía a la gran familia de las amarilidáceas, con largas hojas, lanceoladas y fibrosas, de color verde azulado. Casi todas sus partes eran aprovechables, pero solo la médula de su tronco o piña se usaba para la elaboración del tequila.

La planta ya era núcleo y carga cultural de la raza azteca y de los aborígenes que habitaban los actuales estados de Jalisco, Colima, Nayarit y Aguascalientes, que en los tiempos de la Conquista española ya elaboraban sus aguardientes a partir del agave. Hoy en día municipios conocidos como El Arenal, Tequila, Magdalena y tantos otros son símbolos de la cultura original y de su planta sagrada. Existen muchas especies de agave, pero su cultivo requiere algunas condiciones: una buena altitud del suelo con respecto al nivel del mar, terreno volcánico con abundantes elementos derivados del basalto con riqueza en hierro, y cierto régimen de lluvias, temperatura y sol.

La planta es de crecimiento lento, y toma de ocho a diez años llegar al punto de su cosecha, durante esta se realiza la "jima", que consiste en cortar y en eliminar las hojas de agave, hasta que solo queda la médula, que es separada del resto para ser utilizada en el mosto que dará lugar a la bebida, luego de la fermentación. La persona que realiza este proceso se conoce en la jerga local con el nombre de "jimadora" o "jimador".

Las transferencias respecto de esta planta continuaron por semanas, ampliando sus conocimientos del tema y mostrándole por las claras que la cultura regional le daba cada vez más trascendencia debido a las connotaciones económicas actuales, así como a las tradiciones de otrora, correspondientes a la raza original; pasaban también por la importancia que les habían otorgado las razas intermedias, mezcla de los colonizadores con las etnias nativas de esas áreas geográficas, que ahora ella comenzaba a ubicar en términos de estados y de país en su conjunto.

Las plantaciones que existen en el mundo de hoy y sus diferentes aplicaciones en la industria moderna responden en parte a los usos que hacían las culturas nativas de otra época. Otros usos, en cambio, son diferentes; aunque se emplea en la curación de ciertas dolencias o enfermedades, la ciencia moderna la quiere utilizar en temas muy específicos, ayudada por la tecnología que le permite llegar más lejos en las investigaciones, este proceder es muy distinto de la utilización sintomática de otros tiempos, realizada por los brujos o hechiceros.

La curiosidad de la protagonista y su ansiedad por saber más respecto de esta planta sagrada la llevaron a buscar nueva información sobre ella. Otra similitud encontrada entre las diferentes especies que forman su gran familia fueron las áreas geográficas donde tienen lugar su cultivo, coincidentes todas con zonas de tierras próximas a volcanes. Fue allí donde creció originalmente la planta y donde el hombre la cultiva actualmente.

Como las transferencias seguían en el tiempo, aumentando su nivel de conocimientos, siguió buscando información sin saber muy bien por qué lo hacía; no obstante, intuía que debía continuar su búsqueda, porque había un propósito en todo ello.

Luego de algunas semanas, halló una pista del objetivo de su búsqueda. Ocurrió que se enteró que un grupo de investigadores modernos encontraron luego de largos y complejos estudios la utilidad de algunos componentes de la planta; que luego de elaborados sirven como vehículo para llevar medicamentos dentro del cuerpo humano, lo que sería en algún futuro una opción en el tratamiento de algunas formas de cáncer. Podrían ser útiles entonces para llevar ciertos medicamentos específicos a determinadas áreas anatómicas del cuerpo humano, donde es difícil transportarlos sin que se alteren y pierdan su capacidad de curación, para quienes padecen estas enfermedades.

Finalmente, logró entender el real propósito de su búsqueda. En la actualidad, las experiencias médicas están dirigidas solo a una clase de la enfermedad mencionada, la misma enfermedad que padeció su esposo y que, luego de varios años sufrimientos, lo llevó al mundo de los espíritus.

Luego de lo descripto, las transferencias continuaron, y a ellas se agregaron los viajes astrales que ha realizado a esos lugares, en los cuales ha visto, reconocido, admirado y sentido algo muy profundo por estas plantas sagradas; pero hasta ese momento no supo hacia dónde conducía su búsqueda, no sabía si debía continuarla ni en qué dirección tendría que hacerlo.

Son tantas las preguntas que tiene respecto de este paisaje de ensueño que ha visto, así como respecto de esta especie sagrada, que su mente vuela una y otra vez preguntándose cuál será el mensaje que encierra esta búsqueda, ya que siente que esta historia no concluye con este episodio.

Cuando eso le ocurre, vuelve a las sugerencias de su guía espiritual, la de "estar siempre atenta" frente a los mensajes del mundo espiritual. De vez en cuando quiere preguntarle a su guía qué debe hacer, luego lo medita y no le pregunta nada, ya que comprende que todo lo que debe saber o entender le será revelado en su momento, ni antes ni después del instante adecuado para ella.

Las visiones prospectivas de su ser

En un principio, en el tiempo de sus transformaciones, las visiones que ella tenía eran retrospectivas, es decir que veía hechos que ya habían ocurrido en términos de tiempo real, comprobados luego por medio de la prensa oral, escrita o televisiva. En ese entonces, pasaban algunas horas antes de que ella los percibiera. En estas situaciones se incluían los sucesos ocurridos entre el lugar geográfico de los hechos y el sitio donde ella estaba en ese momento, a gran distancia de uno u otro punto.

Con posterioridad, se fueron acortando los tiempos entre la ocurrencia del hecho real y sus percepciones. En un momento, llegaron a ser casi simultáneos; el hecho estaba ocurriendo, y ella lo percibía, y eso pasaba independientemente de la distancia real que existiera.

Este acortamiento de los tiempos ya había producido en ella cierto asombro, porque no sabía hasta cuándo avanzaría.

Comenzaron entonces por esos días otro tipo de visiones: las que estaban dirigidas hacia un futuro, cuyo tiempo de ocurrencia era incierto.

Estas visiones prospectivas empezaron a formar parte de su vida. La visión de los hechos a futuro era algo nuevo dentro del grupo de sus capacidades especiales. Comenzó a percibir a futuro, es decir, a tener una especie de videncia. Aunque en otras oportunidades muy puntuales ya lo había experimentado, en ese momento se instaló una nueva capacidad, de modo que empezó a percibir con cierta regularidad hechos que iban a ocurrir, sin saber cuándo pasarían o en qué tiempo tendría lugar lo percibido.

A partir de ese momento, su angustia y su impotencia comenzaron a aumentar, porque se preguntaba qué haría ella al respecto cuando estas situaciones fueran ocurriendo.

Desde luego, todos sabemos lo difícil que puede llegar a ser tener que explicar que una situación tendrá lugar en el futuro, sea este mediato o inmediato. Sobre todo si esa situación conlleva algún riesgo que, por supuesto, uno humanamente quiere prevenir, así como quiere evitar lo irreversible para las personas que se verán afectadas.

A esta altura de los acontecimientos, ella estaba acostumbrada a recibir las nuevas situaciones que se presentaban y, también, a no saber muy bien qué hacer con ellas. Así que se propuso esperar, para conocer en qué situaciones se le presentaba esa capacidad y para qué clase de eventos.

De una cosa estaba segura: con su actitud de querer ayudar con sus percepciones a las personas que estarían involucradas, tendría que ser muy cuidadosa para no producir inconvenientes, imposibles de explicar.

Se dijo entonces que solo en algunos casos lo haría y solo para algunas personas muy elegidas, o cuando ellas se lo pidieran, ya que comprendió que no debía interferir con aquello que ya estaba escrito y que inevitablemente ocurriría en el momento justo, ni antes ni después.

Al igual que sucedió con otras de sus noveles capacidades, que tuvieron lugar en alguna época de su vida, estas también se fueron instalando a su ritmo, interactuando con los hechos que rodeaban su existencia y su grado evolutivo en ese tiempo considerado. Ella asumió que todo ocurriría en el momento adecuado, cuando fuera realmente tiempo de que ocurra.

Capítulo 10. La creatividad laboral

En el capítulo décimo, se describe la nueva situación de la protagonista en cuanto a las actividades personales de la supervivencia, entre ellas su actividad laboral y sus sentimientos respecto al trabajo que realizaba en el tiempo pasado. Hoy se enfoca en otras perspectivas.

Los hechos descriptos en este capítulo son tres, y están presentados con los siguientes títulos:
-El adiós a su creatividad laboral
-Hermosas noticias para una mujer
-Su hermano y el carácter que lo define

El adiós a su creatividad laboral

Ella tiene que decir con toda sinceridad que las transformaciones que estaba teniendo para ese tiempo en su vida la asustaron con frecuencia. Ha sido siempre una persona muy creativa en general, para todos los aspectos de su vida hogareña y para las relaciones humanas de la familia y sus amigos, pero lo fue especialmente para su actividad laboral.

Durante todo su matrimonio, trabajó siempre al lado de su esposo apoyándolo, pero también asumiendo parte de esa actividad creadora que conlleva un matrimonio. Naturalmente, a estas latitudes, una convivencia comienza en el momento de tener lo básico para que la pareja funcione como tal, hasta que obtiene la comodidad de recursos y la tranquilidad de una vivienda, para traer al mundo a cuatro hijos, educarlos y alimentarlos sin idea alguna de querer llegar a la opulencia.

Al dejar su esposo el mundo de las personas para viajar al mundo espiritual, esa creatividad laboral y social le permitió sortear los tiempos de angustia económica, cuando los bienes que se habían logrado en veintitantos años se fueron transformando en el sustento que solventaba los tratamientos necesarios y en los recursos que se requerían para mantener a los dos hijos menores de la casa, que aún vivían con ella.

Cuando la situación la condicionó a una franca búsqueda laboral, puesto que se había convertido muy rápidamente en la jefa de su hogar, su creatividad laboral le permitió mantenerse de pie espiritualmente realizando trabajos informales de variadas clases y le proveyó lo básico para el sustento, la educación y la alimentación de los integrantes de su hogar.

Cuando luego de lo relatado comenzó la instalación rápida y continuada de sus capacidades especiales, en el nuevo despertar espiritual de su vida, su creatividad también comenzó a transformarse, especialmente en lo que se refiere a la búsqueda y la consecución de trabajos. El trabajo empezó a faltarle o en el mejor de los casos a disminuir, decrecieron las posibilidades, y con ello su voluntad para aceptar la situación.

En tiempos anteriores al considerado, disponía de un almanaque de actividades laborales para todo el año, con eventos festivos y servicios ofertados a la comunidad, que le permitían la tranquilidad económica y la integración social adecuada.

Comenzó a darse cuenta de que su creatividad laboral iría desapareciendo y también de que en su lugar se estaba instalando otra tarea que se vislumbraba como única, principal y privativa por sobre el resto.

Con el correr de los meses comenzó a pensar que el cambio era inexorable e irreversible y también a aceptar con gran esfuerzo las modificaciones de su vida, que llevarían consigo la incorporación total de sus legados. Comenzó a aceptar la condición de vivir exclusivamente para realizar lo que se ha comentado a lo largo de este libro: la actividad de mediar entre los dos mundos, haciendo los puentes que se le requieran, en el tiempo en que se lo requiera.

Al verse comprometida en estas transformaciones sin pausas, no deja a veces de añorar lo que podía hacer en otros tiempos, cuando ve nuevamente los trabajo manuales tan creativos, bonitos y con tanta dedicación que ella hacía.

Su mente y su cuerpo parecían ir despojándose de todo aquello que pudiera eventualmente interferir con la aceptada actividad principal de su existencia. Seguramente esto también responde a un propósito que a su tiempo le será revelado; pero le cuesta mucho dejar partir algunas destrezas, que le han dado tantas satisfacciones en otros momentos de la vida.

Hermosa noticia para una mujer

En ese tiempo hubo noticias muy hermosas para una mujer latina que gusta de la familia, como ella, y que le llenaron el corazón de felicidad.

Su hija le había mencionado hacía poco que tenía algunas molestias corporales, y en esos diálogos de madre a hija, o de hija a madre, así como de mujer a mujer, ella le dijo lo que pensaba al respecto: esencialmente, que debía consultar a su médico a fines de encausar sus dudas.

Esto pasó y por un breve tiempo, no se habló más del tema, ella pensó que estaba ya resuelto. Con posterioridad, le aparecieron a su hija nuevas molestias. Como mujer, madre y abuela, ella quiso saber ciertamente qué estaba pasando.

Paralelamente y casi a la vez, la protagonista comenzó a sentir en el abdomen dolores muy fuertes, junto a sensaciones que nunca había tenido. Se sentía mal, no dormía bien ni comía bien; no podía hallar posición física adecuada ni estando acostada, su existencia no tenía paz.

Después de mucho diálogo forzado e incómodo con su hija, esta le relató que estaba cursando un nuevo embarazo. Como la joven era madre ya de dos hijas, estaba muy nerviosa frente a la perspectiva de un nuevo vástago en su familia.

Como ella era madre de cuatro hijos, dialogó con su hija tratando de tranquilizarla, diciéndole que era el momento adecuado para ensanchar su familia, que sería hermosa la llegada de un nuevo ser, ya que uno se había ido al mundo espiritual hacía no mucho tiempo; todo lo que las madres suelen decir en similares circunstancias, cuando uno de sus hijos pierde transitoriamente las referencias estables, queriendo pensar en otras posibilidades aun sabiendo que no pueden ser aceptadas por el solo hecho de ser madre. Fueron reacciones temporales femeninas propias de cuando una madre actual se encuentra en un aprieto fuera de su programa.

En esa oportunidad, le dijo también que seguramente a su padre le habría gustado de igual manera que tuviera un nuevo retoño, y que esa era la situación deseada por todos ellos, los familiares cercanos.

Para ese momento, el cuerpo de la protagonista quería estallar de extrañas sensaciones y atroces dolores de bajo vientre, y ella no sabía qué hacer al respecto.

Ella está convencida de que su guía espiritual la ayudó, también sus oraciones a Dios y a sus ángeles, que dieron a la difícil situación la luz necesaria para que su hija se tranquilizara y comenzara a aceptar la alegría que suponía la llegada del nuevo ser a la familia.

Pasaron unos días aciagos, pero en el último instante de diálogo entre su hija y el médico, ella le pidió que se encargara del seguimiento de su embarazo, y la cordura encontró lugar en su hija querida. Enseguida se lo comunicó a su madre, su actitud volvió a ser saludable, y como los lectores pueden imaginar, ella también se sintió plena de felicidad.

En cuanto a las manifestaciones de su cuerpo, como casi siempre ocurre, pasada la situación incómoda, fueron cediendo día a día. Como ya se ha comentado, su cuerpo sufre los embates de las situaciones que tienen lugar en su vida, así como lo hace su extrema sensibilidad frente a los eventos que le son adversos. Su alma siempre se encarga de cuidar a su cuerpo, para que no enferme; no obstante, en algunos momentos se desespera frente a los dolores y las molestias que le ocasiona su actividad al servicio del mundo espiritual.

Su hermano y el carácter que lo define
En todo este tiempo en que su vida cambiaba, las percepciones en relación con sus familiares y con las personas con quienes la unía alguna clase de afecto fueron cada vez más fuertes, y pudo detectar enseguida aquellos hechos en los cuales había cierto riesgo para ellos. En cada caso, ella somatizaba la situación, y su cuerpo se manifestaba de alguna forma: dolores en diferentes lugares, sensaciones conocidas o desconocidas acompañaban los sucesos, a veces casi simulando lo que le ocurría al familiar o amigo.

Una mañana comenzó a percibir que algo le había pasado a su hermano, y le llegó la imagen de una mano derecha, con la palma hacia arriba, en la que se veía sangre fresca cubriendo gran parte de la superficie.

Lo primero que pensó en ese momento fue si esa imagen de la mano tendría alguna relación con su hermano y la reciente percepción experimentada, así como si podría estar vinculada con algún episodio inesperado ocurrido con su vehículo de trabajo. Pero en especial se preguntaba si ambos hechos estaban vinculados. Como era de esperar, con el correr del tiempo la situación comenzó a inquietarla.

Al cabo de unos minutos, le llegó por vía telefónica una información un tanto incierta: su hermano había tenido un inconveniente y había sido llevado a un hospital para la atención de su salud.

Ciertamente esto aumentaba su grado de preocupación, pues no sabía realmente cuál era el nivel de compromiso que tenía la vida de su hermano.

Con el correr de las horas, estuvo pensando en la secuencia de hechos que se le habían comunicado, pero de todos ellos no había recibido ninguna percepción o visión que le aclarara un tanto la situación.

Esto ocurrió en la segunda mitad de ese día, cuando la esposa de su hermano le habló por teléfono para contarle lo sucedido y darle más detalles del evento.

Su hermano y el carácter que lo define no tienen a veces la misma sintonía. En una discusión acalorada con un colega de trabajo, llegó a mostrar lo más oscuro de sus caracteres. Una discusión verbal se convirtió luego de algunos minutos en una pelea física en la cual su hermano resultó lesionado de tal forma, que debieron llevarlo a un hospital para que le realizaran una sutura de varios puntos en la cabeza.

Su hermano, lesionado en su cuerpo y también en su orgullo, llamó por teléfono a su esposa para contarle lo sucedido, y ella se lo relató a la protagonista, luego de pasado el tiempo necesario para asimilar el hecho.

La palma con sangre surge del hecho de que su hermano se tocó en algún momento la cabeza ensangrentada, tras ser agredido con un objeto metálico que fue el responsable real de la lesión, un corte en el cuero cabelludo. Fuera de peligro y sin poder creerlo, su hermano volvió a su casa.

Así fue como funcionaron sus capacidades en esa oportunidad. Aportaron una fracción de información relacionada con un evento, que ella debió poner en el contexto adecuado para lograr entender lo que estaba pasando en esa situación.

Esta gimnasia diaria de armar rompecabezas es una de las tareas que practica casi cotidianamente y una de las que le dan razón de ser a su existencia.

Capítulo 11. Los viajes y su mente

En el capítulo décimo primero se han llevado al escrito las increíbles experiencias que vivió la protagonista, que son difíciles de aceptar para ella y desde luego serán también difíciles de aceptar por los señores lectores. Los eventos descriptos en este capítulo son tres, y están presentados con los siguientes títulos:
-Los viajes y su mente
-La llegada de su primer nieto varón
-Los nuevos anuncios

Los viajes y su mente
A medida que sus capacidades se iban afianzando y profundizando, su cuerpo ponía en evidencia el impacto o el esfuerzo que realizaba y que a la vez sufría, luego de que su ser regresaba a él de sus lejanos viajes astrales.

Los desprendimientos constantes y los hechos en los cuales se veía observando, y a veces actuando, pusieron una vez más a prueba su resistencia a cumplir con los mandatos que Dios le había impuesto con anterioridad.

El planteo que ella se hacía por esa época era algo que ya no podía controlar; su alma se desprendía con soltura en cualquier momento para realizar sus viajes y sus tareas. Gran parte de ellos ocurría durante la noche, pero también lo hacía durante el día. Las distancias recorridas por su ser de un país a otro durante la noche y el regreso a su cuerpo en la mañana siguiente generaban una suerte de confrontación diaria, una batalla casi constante entre los tiempos de su catalepsia y la realidad, en la cual su mente, con sus esquemas establecidos con anterioridad, trataba de imponerse.

Era el choque casi permanente entre lo que su alma escribía rápidamente con hechos y secuencias cíclicas por un lado, y por el otro, lo que sucedía con su mente, que con sus esquemas rectos y rígidos de la historia de su vida trataba de imponerse, la condicionaba o la empujaba casi siempre en una dirección diferente o contraria.

La situación en sí misma la sublevaba, lo hacía con ella, con sus familiares y con sus amigos. Llegó al punto de tenerle miedo a la gente, al diálogo común con las personas que eran ya conocidas o que debía conocer en su vida de relación de esos momentos. Se estaba encerrando dentro de sí misma, se sentía como encarcelada en su propio cuerpo, quería con fuerzas renunciar a sus legados. Cuántas veces quiso volver a su vida común, a la de antes del nuevo despertar. La sensación que experimentaba —y lo ha dicho en algunas situaciones— era similar a la que tendría una lapicera que había estado escribiendo con tinta de una clase y de un color determinado, pero que en algún momento de la escritura se termina, por lo que a la lapicera debe ponérsele un cartucho de otra clase y color. La lapicera sigue escribiendo, pero ya no lo hace de la misma forma que antes. Escribió y ciertamente escribe, pero de una manera muy diferente en la actualidad.

Ya lo ha dicho también en otras oportunidades: su vida se había vuelto demasiado compleja, quería regresar a su época anterior; pero en el fondo de su ser, sabía que eso tampoco era posible en ese momento. Entonces, ahí estaba el gran conflicto de su existencia, al que volvía una y otra vez, cuando podía descansar su cuerpo físico durante algunas horas y lograba cierta serenidad.

En el fondo de su corazón, esperaba que un nuevo escalón de este arduo aprendizaje se visualizara, para poder avanzar hacia una instancia nueva y superar la situación del momento. Ese hecho podría ocurrir pronto o no, pero de algo estaba segura: su vida sería cada vez más compleja, y su mente corría a su lado llenándola de miedos. Ella se preguntaba hasta dónde irían en ese viaje sin fin del crecimiento espiritual, mientras estuvieran en la vida terrenal.

La llegada de su primer nieto varón

Mucho antes de que lo gestaran sus padres, ella lo había soñado, ya lo conocía y sabía de la decisión de venir de su ser. Ella sabía que vendría para enriquecer sus vidas, haciéndolas más llevaderas y agradables, para que el pasar por este planeta fuera más reconfortante para todos.

En los días en que todavía no tenía la certeza de que vendría y su viaje hacia aquí se estaba definiendo, ella lo sintió en su propio cuerpo. Estaba preocupada por la decisión, su ser y todo su cuerpo lo sabían, y por eso, estuvo rezando y rogando para que el milagro de la vida se produjera.

Ella sabía que más allá de todas las vicisitudes, debía llegar; de cualquier forma, con cualquier esfuerzo que fuera necesario, ella sabía que vendría en contra de todos los vientos y mareas de la vida a conocer este mundo.

Cuando el milagro de la vida finalmente se produjo, y la madre dio la magnífica noticia, enseguida, casi al instante, surgió el nombre que fue aceptado de inmediato: fue como un sello que venía con la diminuta persona, que lo llevaría donde fuera, con orgullo y con decencia.

La historia y el destino de este ser, al igual que el de cada uno de nosotros, están escritos por Dios, que de antemano entrega a cada uno los designios que nos diferenciarán del resto de los seres humanos.

La vida de este precioso bebé será un don que el Creador ya le ha obsequiado, la protagonista espera que pueda aprovecharlo desde el principio, que sea fuerte y valiente aceptando esta vida tal cual se le brinda, honrándola y siendo solidario.

La decisión de este ser de venir a este mundo fue desde un primer momento una bendición para todos. Pudo venir tranquilo y en paz. Sin dudas debía venir, estaba escrito, lo debe saber y también debe saber que en el momento de la decisión definitiva, ella lo ha protegido.

Los nuevos anuncios

Comenzó a percibir que en su vida el fin de una etapa y el comienzo de otra estaban por ocurrir. Se dio cuenta de que el período de las grandes transformaciones, de los veloces y profundos cambios de su existencia, estaba terminando y que a continuación se iniciaría otro más llevadero y más agradable en cuanto al aprendizaje de las capacidades especiales, y menos exigente en relación con los malestares que esos cambios le habían producido a su cuerpo en tiempos anteriores.

Los anuncios que recuerda respecto de la terminación de este período fueron los que se describen a continuación: el primero que ella interpreta como tal fue la aparición de una línea de luz blanca brillante dentro de su habitación, cuando se encontraba meditando. Ocurrió de repente y se manifestó con pulso propio; pensó al instante que esa línea luminosa se expandiría para mostrarle algo, pero no lo hizo. Al cabo de unos segundos, desapareció. Este hecho la llevó a pensar, junto a los demás sucesos ocurridos con anterioridad, que algo bueno y nuevo pasaría en el futuro cercano.

Otro acontecimiento de la misma categoría fue el agradable y melódico canto de tres pájaros en la ventana de su dormitorio en el horario del despertar matinal; melodía que la despertaba agradablemente, con la imagen de una fotografía de primavera: con calor, con sol, con verdes, con murmullos de aguas corriendo entre las rocas de una montaña.

En algunas ocasiones, se incorporó y fue al patio de su casa para tratar de ver de dónde provenía el canto de las aves que tanto bien le hacía y tan agradablemente la despertaba, pero no pudo verlas; era como si "fuera una melodía", que tan solo ella podía escuchar. En una oportunidad encontró un pájaro, pero este nada le entregaba de su musicalidad.

De pronto su pensamiento fue a posarse en el propósito de su guía espiritual, que siempre estaba y está guiándola, aconsejándola, a veces orientándola, a veces determinando el camino que ella debe seguir o elegir, para continuar con el curso y rumbo que está señalado para ella.

En sus momentos de reflexión, que son cada vez más extensos en tiempo y en profundidad, piensa que todos tenemos un ángel guardián, que nos avisa algo que ocurrirá y nos envía mensajes; solo que la gran mayoría de nosotros, inmersos en las tareas cotidianas y en los intereses tan materiales del mundo actual, no prestamos atención a esos mensajes. Piensa que no dedicamos el tiempo necesario al crecimiento espiritual y, sobre todo, al sentido o al propósito de nuestro paso por este mundo.

Piensa que nos extraviamos en la veloz carrera competitiva, en pos de lograr un mejor estado económico para que supuestamente nos dé tranquilidad en el mundo de hoy, por lo que de esta forma, perdemos el objetivo espiritual de nuestra vida. Esta postura cotidiana en muchas personas y la actitud egoísta de muchas otras, que anteponen sus intereses a los del resto de la sociedad en que viven, es algo que entristece su vida y la lleva con frecuencia a la congoja. Ella cree que también Dios está triste, por no entender cómo el ser humano puede proceder de esa manera, en nuestros días.

En ese momento cierra los ojos y vuelve a Dios, a su guía espiritual y a sus ángeles, buscando su apoyo para retornar a la senda de la luz, entendiendo cuán importante es la actitud de estar siempre atenta a los mensajes del mundo espiritual.

Capítulo 12. Educación y sociedad

En este capítulo décimo segundo, se desarrolla la concepción que la protagonista anhela respecto del rol por cumplir en el futuro de algunas instituciones educativas y ciertas instituciones de salud, tanto como por la sociedad en su conjunto, los amigos y los familiares especialmente de las personas sensitivas con capacidades especiales.

Los hechos descriptos en este capítulo son cinco y están presentados con los siguientes títulos:

-Las instituciones educativas y las personas con capacidades especiales

-Las instituciones de salud y las personas con capacidades especiales

-La sociedad y las personas con capacidades especiales

-Los amigos y las personas con capacidades especiales

-La familia y las personas con capacidades especiales

Las instituciones educativas y las personas con capacidades especiales

La función social de las estructuras educativas regulares, en el proceso de encause de una persona con capacidades especiales, no se visualiza todavía en las comunidades pequeñas. Los niños y los adolescentes, que concurren a establecimientos oficiales o privados, del nivel primario, secundario o terciario y los adultos que concurren a colegios secundarios nocturnos no tienen por el momento la posibilidad de que sus capacidades especiales sean contempladas por el sistema educativo en nuestros países.

En algunos colegios existen los gabinetes psicopedagógicos, que atienden y encausan algunas dificultades de los niños y de los adolescentes, para que puedan funcionar en la sociedad que los nutre y los cobija, tratando de reproducir el ser social que ella necesita en ese momento de la historia; pero en el caso de los individuos con capacidades especiales, no está pautado qué debe hacerse con ellos ni quién debe reconocerlos, detectarlos y orientarlos en la elección de la institución adecuada, para que dejándoles la libertad a sus capacidades y a su despliegue, puedan ser vistos por sus pares como unos más del grupo y continúen en el nivel educativo elegido.

Los riesgos que conlleva la confusión de una capacidad especial con una enfermedad pueden causarle serias dificultades en el futuro a ese niño o adolescente. Un encuadre erróneo puede llevarlo a instituciones de salud que prestan servicios de internación o reclusión, con lo cual su futuro se vería comprometido en el mediano y largo plazo.

Lo que algunos países han logrado es encausar este tema por medio de organizaciones no gubernamentales de distintas categorías, como institutos o fundaciones, estructuras sin fines de lucro, creadas para la investigación y para el desarrollo de las ciencias, que puedan ayudar a entender a estas personas especiales que han sido elegidas por Dios para el ejercicio de sus legados.

Estas organizaciones están lideradas por especialistas y por estudiosos del tema que pueden ayudar, pero en general no son muy conocidas ni es fácil acceder a ellas; sobre todo, lo que más cuesta es localizarlas y contactarlas cuando se trata de países con difícil acceso para el visitante.

Se desconoce si nuestros sistemas educativos disponen de una herramienta regular de detección, valoración y encause de las personas con capacidades especiales.

Ellos deben ser protegidos

Con ello, se dificulta la posibilidad de saber o conocer qué cantidad y qué calidad de niños, adolescentes o adultos han despertado, instalado y desplegado capacidades especiales en algún momento de sus vidas. Cuántos de ellos se abren a una nueva realidad para sus vidas y las dificultades que experimentan, antes de poder contarlo por temor a ser rechazados.

El sistema educativo regular tiene pocas posibilidades de poder detectarlos, y por tanto, la aplicación de las capacidades especiales de estos seres se demora en instalarse o nunca logra hacerlo, por lo cual se pierde la posibilidad de que las empleen en realizar el bien individual o comunitario hacia otros seres humanos.

Las instituciones de salud y las personas con capacidades especiales

Las reservas y los miedos de una persona con capacidades especiales están siempre girando alrededor de su vida. Uno de esos miedos, reconocido por casi todas las personas con esas características, es el relacionado con las instituciones dedicadas al cuidado de la salud humana; en especial, aquellas que atienden pacientes ambulatorios o resuelven su internación, en caso de haberse llegado al diagnóstico de alguna enfermedad psiquiátrica.

Es bastante frecuente que una persona con capacidades especiales se convierta, por diferentes motivos o circunstancias, en paciente de un hospital o institución psiquiátrica. En ciertos casos, pueden semejar o confundirse con quienes padecen alguna enfermedad mental, debido a las muchas situaciones no entendidas de su vida, por lo que a veces quedan retenidos en la institución.

Los niños y los adolescentes, como es de esperar, no pueden comprender los riesgos de quedar retenidos en una institución destinada al cuidado de la salud mental. Por otra parte, los adultos, por lo general, sí pueden entender la dimensión de las situaciones a las cuales pueden estar expuestos en una terapia de esta clase, así como los temas propios de una institucionalización continuada por años, y por ello tienen sus reservas al respecto.

En general, se desconoce si en nuestros países existen instituciones oficiales o privadas dedicadas a estos cuidados, un mecanismo regular dirigido a la detección, la valoración y el encause de los individuos con capacidades especiales. Con ello, si es posible diferenciar esta situación espiritual de vida de una persona, de otras situaciones en que un ser humano cursa alguna clase de enfermedad mental.

Por eso, como ya se ha mencionado, se dificulta la posibilidad de conocer la cantidad de niños, adolescentes y adultos con las capacidades en cuestión, así como de realizar el seguimiento de personas que, en algún momento de sus vidas, inician su despertar espiritual con la instalación y el despliegue de estas capacidades, pero que luego por alguna razón, quedan retenidos por los sistemas de salud mental, sin poder contar lo que les pasa, y después un tiempo se convierten, por la nueva situación, en seres que no solo olvidaron sus capacidades especiales, sino que además olvidaron lo que es poder circular con libertad por los pueblos o ciudades que los vieron nacer y los cobijaron, previamente a su ingreso a las instituciones que ahora los retienen.

Hay en todo esto un duro aprendizaje que deben realizar las comunidades respecto de estas personas, tan duro como el que realiza cada uno de los sensitivos, esos seres elegidos para esta tarea tan especial que es la de conectar los dos mundos, el de los espíritus con el de los seres de carne y hueso.

La sociedad y las personas con capacidades especiales

Las comunidades en particular y la sociedad en general en las cuales viven las personas con capacidades especiales no hacen por el momento un gran esfuerzo por protegerlas. En primer lugar, porque no se enteran de la existencia o del accionar de estas personas con necesidad de la integración social y tan poco comprendidas al mismo tiempo. En segundo lugar, porque no tienen preparados los mecanismos de contención necesarios para hacer lo propio y hacerlo bien. La secuencia de hechos observada, en algunas situaciones revisadas para una comunidad determinada, muestra que, al no poder manejar el evento la persona considerada, se produce un efecto de aislamiento por parte de los familiares y de los amigos cercanos de la población, que toman distancia social para no comprometerse en el acompañamiento del ser aislado. Luego de este accionar, la persona elegida lo percibe, y ello, en una muestra de erróneo esfuerzo, contribuye también a su aislamiento y complica la situación, de por sí difícil.

En rigor, la sociedad en su conjunto, que les permite a estos individuos quedarse y que habitualmente los nutre y los protege como a cualquier ciudadano, no sabe que son seres especiales y aun si conoce alguna situación específica de esta clase, no sabe cómo hacerlo con las personas con este tipo de capacidades. No sabe qué hacer con ellas cuando se entera, porque no las entiende, y frente a este hecho irrefutable, no se compromete y las deja solas, sin organizarlas ni encausarlas hacia un objetivo determinado. Después de un tiempo, lo más observado es que las excluye, o por lo menos no hace nada para lograr su inclusión social.

Uno de los objetivos deseados de una sociedad, que daría sustento y contención a las personas con capacidades especiales, sería entender cuál podría ser la función social de quienes ya las tienen y de quienes las están incorporando. Puesto que a todas estas capacidades se les puede encontrar una utilidad en la realización del bien común, no resulta extraordinario pensar que quienes las poseen pueden contribuir a la obra creadora de Dios, integrándose a la sociedad y realizando alguna tarea en beneficio de los miembros de su comunidad.

Ahora bien, una vez que ya se ha mostrado o demostrado el ejercicio de las capacidades mediante acciones reales en estas personas elegidas por Dios, la demanda específica —y a veces imperativa— de ciertos legados, por parte de otros que quieren utilizarlas o beneficiarse con su accionar, puede ser causa de un conflicto de naturaleza humana, que compromete a veces a quienes los tienen.

A partir de ese momento, se abre un abanico de posibilidades para este grupo demandante, cliente de las capacidades. Con ello, las expectativas de las personas que desean aprovechar estas capacidades pueden ser de las más diversas, con la inclusión o el intercambio de valores materiales, para que la utilización de esos legados sea en beneficio de los intereses buscados.

En general, estas personas elegidas tienden a conformar dos grandes grupos:

*) El de quienes incluyen el intercambio de valores por sus servicios, encausan su actividad o no con alguna clase de organización, evolucionan hacia compromisos cada vez más exigentes y después de algunos años se encuentran cercados por las obligaciones que ellos mismos han generado.

**) El de quienes no incluyen el intercambio obligatorio de valores por sus servicios y se presentan a la sociedad de una manera individual. T también eligen por sus propios mecanismos de selección a los individuos a los que podrán ayudar, apoyar o armonizar, y realizan asimismo alguna clase o actividad de docencia con las personas con capacidades especiales con quienes por alguna vía llegan a tener contacto, explicándoles los rudimentos de los legados que están recibiendo. Estos seres viven una vida simple, humilde y en soledad, disfrutando la armonía de la que se rodean, luego de trabajar algunos años en ella para poder lograrla. Algunos de ellos hasta disfrutan de su actividad o de lo que hacen, en su inadvertido paso por este planeta.

Los amigos y las personas con capacidades especiales

El acompañamiento que pueden realizar los amigos de un niño, adolescente o adulto que ya tiene o que comienza a desarrollar capacidades especiales es definitorio para el futuro social de la persona que fue elegida, ya que esas capacidades son el vínculo y el catalizador para que socialice sus nuevas actitudes y aptitudes, de cara a quienes forman su entorno.

El vínculo de confianza existente entre los amigos y la persona que vive las transformaciones logra a veces el milagro de que pueda contarles lo que le está pasando en su vida. Logra, a veces, que se anime y pueda descargar sus preocupaciones y sus angustias, por los sucesos, las visiones y las percepciones que le toca vivir.

Los amigos muy próximos casi siempre perciben por alguna vía que el ser elegido para las capacidades tiene algo especial, que se manifiesta en algunas demostraciones no del todo esperadas por los integrantes del grupo.

Para el ser elegido, la dificultad de expresarse con confianza y contar lo que le está sucediendo lo lleva con frecuencia a la confusión coloquial y al aislamiento social, que es a veces la antesala de la exclusión que él mismo genera. La mencionada exclusión suele llegar lenta pero inexorablemente del grupo al que pertenece el ser elegido, con todo lo que eso conlleva: la carencia en general y la carencia afectiva en particular. Eso es lo que más lesiona a estas personas especiales, con tanta necesidad de comunicarse y de ser comprendidas por sus semejantes.

Las personas con capacidades especiales casi siempre deben realizar el cambio de algunos hábitos cotidianos que tenían antes de la instalación de las nuevas capacidades. Uno de ellos es el cambio de horarios en su día de actividades, que se convierte en algo muy diferente del resto de los habitantes de su casa o de sus amistades. El hecho de que la noche se transforme en el momento más activo para los elegidos por Dios para la entrega de los legados los convierte en seres muy solitarios y sensibles, a los que, en la mayoría de los casos, los eventos de la vida real afecta de manera amplificada; por eso se dice de ellos que son hipersensibles a los sucesos cotidianos.

Como ya se explicó anteriormente en este libro, ante las primeras manifestaciones observadas por los amigos de un ser con capacidades especiales, sería muy importante que ese tema pudiera ser tratado con ellos de la manera más espontánea que se pueda. De ser posible, que se convierta en un juego en el cual los integrantes del grupo aporten ideas, ejercicios y comprobaciones de información sobre los hechos, obtenida por otras vías tradicionales o accesibles, de forma que resulte casi una gimnasia en el tema en el que la persona elegida dice o cree tener capacidad especial. Tal situación, entendida de este modo, abriría las puertas a otros hechos que le sucederán en el futuro, haciendo que cada vez le sea más fácil tratar el tema, al menos con ese grupo de amigos.

En otras situaciones, el resultado puede llegar a ser muy diferente. El relato de la posibilidad real de capacidades especiales en personas sin la apertura necesaria para aceptar que existen otras con capacidades muy diferentes a las suyas, y que no se comprenden por medio de los llamados "conocimientos académicos tradicionales", ya sea en su concepción o en su funcionamiento, hace que en algunas circunstancias este amigo se vaya retirando, a veces de una manera lenta y progresiva, y otras, de una manera abrupta y rápida. Esto deja ciertamente desconcertada a la persona elegida para los legados, con frecuencia sin saber cuál es el verdadero motivo del alejamiento de su amistad.

Los amigos son muy importantes en la vida de cualquier persona, pero en especial en aquellas que poseen capacidades especiales. El momento en que más se los necesita es cuando esas capacidades se están instalando y desplegando. En esa instancia, los amigos son las referencias y los cimientos sobre los cuales el ser elegido se apoyará y que tendrá como ejes estables e incólumes, a lo largo del tiempo futuro de su existencia. Serán los hilos conductores e invisibles que conectarán esa persona con el mundo real del ser elegido, a los que volverá una y otra vez, hasta encontrar un patrón estable entre su nuevo comportamiento, el uso deseable y dirigido de sus capacidades especiales y su vida social muy selectiva, a la cual su hipersensibilidad adquirida traerá su gran cuota de angustia, impotencia y sufrimiento.

La familia y las personas con capacidades especiales

El acompañamiento del ser elegido por parte de todos los integrantes de la familia es fundamental en el desarrollo de un niño y de un adolescente, y en la integración de una persona adulta, que ya tiene o que comienza a desplegar capacidades especiales. El deseo es siempre que el milagro se produzca en todas las situaciones.

Lo observado o escrito hasta el momento muestra exactamente lo contrario, casi siempre debido a que la persona elegida no se anima a contarle todo a su familia. Eso va unido a que a veces algunos familiares perciben que hay algo extraño o advierten pequeñas demostraciones en forma de hechos o de actitudes que para ellos no resultan del todo convencionales, lo que complica la situación.

Cualquiera sea el estado de instalación o despliegue de las capacidades del ser elegido, el conflicto comienza casi siempre dentro de la familia, con la esperada actitud de alguno de sus miembros, en el acto de tomar distancia de la situación, sea cual fuere la edad del elegido.

Existe también la posibilidad de autoexclusión de la persona elegida, que al darse cuenta de la situación en la que cree encontrarse, se excluye del resto de los integrantes, por la incomprensión observada en la familia. Eso la lleva, en el corto o el mediano plazo, a querer emanciparse del núcleo familiar, con lo que agrega a la nueva situación las carencias de una amplia gama de sentimientos, en especial, los afectivos, propios de quienes viven en soledad.

La situación ideal y esperada sería que los integrantes de la familia en general, si se trata de un adulto, o los padres, si se trata de un niño, pudieran, por medio de un diálogo espontáneo, cotidiano y natural, detectar las primeras manifestaciones de estas capacidades especiales, conversando sobre las preocupaciones de ambas partes y llevando la situación a un plano de gimnasia participativa de todos los integrantes de la familia, en la cual cada uno aporte ideas, ejercicios y comprobaciones en lo referido a lo que el ser elegido comenta tener como capacidad especial.

De ese modo, el ser con capacidades especiales se sentirá integrado al grupo y superará sus dificultades para aceptar lo que le está pasando.

El aporte de noticias escritas realizado por los familiares, por medio de la información encontrada en los diarios o presentada por la televisión, de hechos detectados con anterioridad por el ser elegido, cimentará la relación con la familia y ayudará a la persona con capacidades especiales a obtener la convicción necesaria para tomar conciencia y aceptar el legado que Dios le ha entregado para hacer el bien a sus semejantes.

El paso siguiente es lograr por la misma vía —es decir la familiar— la aplicación social o individual de estas capacidades, para que el ser elegido pueda ponerlas en práctica haciendo el bien a otro semejante y otorgándole algún tipo de ayuda humanitaria.

El escalón final mencionado le da sentido a todos los sacrificios, a las pruebas de voluntad y de fortaleza espiritual por las cuales el ser elegido debe pasar para conseguir la total instalación y el despliegue de sus capacidades especiales, y la profundización de los legados a lo largo de los años de su vida terrenal.

Solo atravesando ese sinuoso camino, la persona que recibe las capacidades en forma de legados podrá obtener el templado necesario para utilizarlas en hacer el bien, logrando para su vida una estabilidad emocional y un equilibrio espiritual en armonía con la obra creadora de Dios.

Epílogo

Para la redacción del libro se han elegido los hechos que marcaron referencias en la vida de la protagonista, sucesos que fueron relatados con léxico sencillo y entendible para mantener el interés por la lectura, ya que algunos de ellos tienen un perfil inexplicable, pues son hechos que cursan por fuera de nuestras funciones sensoriales y que, sabemos, pueden llegar a plantear dudas e inquietudes al lector que no está familiarizado con el tema tratado.

Los hechos referenciales de la historia de la protagonista y sus vínculos familiares constituyen de alguna forma el cimiento de los acontecimientos narrados por orden cronológico de los tiempos vividos. El nuevo despertar espiritual con sus eventos de increíbles sorpresas hacen que lo narrado parezca un cuento de ficción, cuando en realidad muchos de los acontecimientos vividos por la protagonista y que no están en el libro han sido comprobados en el mundo real por la redacción realizada por los medios masivos de difusión, como la prensa escrita o televisiva.

Así son también de increíbles los tiempos de la instalación y del despliegue de las nuevas capacidades, que a veces asustan a la protagonista de las experiencias personales y que también pueden causar similares efectos en los lectores. Hubo un antes y un después en la situación generada por los cambios comunicacionales y que la protagonista vivió con los integrantes de su familia, con los amigos personales, y con la comunidad donde vivía.

Las capacidades y la relación con las necesidades de la protagonista marcan un tiempo especial que no podrá repetirse y que es una bisagra en su vida. Las experiencias inexplicables en la historia de vida de ella marcan un punto sin retorno que no podrán ser traducidos o explicados con el lenguaje común.

La aceptación de las capacidades recibidas, el relato del ser espiritual que es su guía y que la acompaña, protege y sugiere opiniones en parte de los tiempos de su estado consciente, así como en gran parte del tiempo de su estado inconsciente, en sus estados de somnolencia de diferentes grados o catalepsias son de un alto tenor de incredibilidad para el común de las personas que viven en sociedad, en un tiempo tan especial y a la vez tan materialista del ser humano como el actual.

Los mensajes recibidos por la protagonista: de los ciclones, los volcanes y la planta sagrada, que proyectan prospectivamente su ser y generan el olvido de la creatividad laboral de otro tiempo, unidos a los viajes de su mente y los anuncios, configuran un plano y un espacio en el cual pocos pueden situarse, para mirar desde allí. Es un panorama muy difícil de describir y explicar.

El enfoque social de las instituciones de salud y también de educación establece un marco referencial por estudiar y quizás por modificar en un camino dirigido a la detección y el cuidado de las personas sensitivas o hiperestésicas. Los roles de la familia, de los amigos y de la sociedad, en relación con estas personas, deben ser cuidadosamente estudiados, para que las personas sensitivas sean debidamente protegidas.

ÍNDICE

Agradecimientos 7

Advertencia 9

Pensamientos del autor 11

Manifestaciones observadas en algunas
    personas sensitivas 13

Capítulo 1. Eventos referenciales 15

Capítulo 2. El nuevo despertar 25

Capítulo 3. Las nuevas capacidades 37

Capítulo 4. La nueva situación 47

Capítulo 5. Las capacidades y las necesidades 55

Capítulo 6. Experiencias inexplicables 65

Capítulo 7. La aceptación de las capacidades 75

Capítulo 8. Su guía espiritual 83

Capítulo 9. La planta sagrada 91

Capítulo 10. La creatividad laboral 101

Capítulo 11. Los viajes y su mente 107

Capítulo 12. Educación y sociedad 113

Epílogo 125

Editorial LibrosEnRed

LibrosEnRed es la Editorial Digital más completa en idioma español. Desde junio de 2000 trabajamos en la edición y venta de libros digitales e impresos bajo demanda.

Nuestra misión es facilitar a todos los autores la edición de sus obras y ofrecer a los lectores acceso rápido y económico a libros de todo tipo.

Editamos novelas, cuentos, poesías, tesis, investigaciones, manuales, monografías y toda variedad de contenidos. Brindamos la posibilidad de comercializar las obras desde Internet para millones de potenciales lectores. De este modo, intentamos fortalecer la difusión de los autores que escriben en español.

Ingrese a www.librosenred.com y conozca nuestro catálogo, compuesto por cientos de títulos clásicos y de autores contemporáneos.

www.ingramcontent.com/pod-product-compliance
Lightning Source LLC
Chambersburg PA
CBHW020806160426
43192CB00006B/460